HOCHSCHULE
FÜR ÖFFENTLICHE
VERWALTUNG KEHL

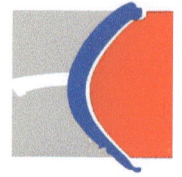

Wirkungsorientierte Haushaltskonsolidierung in der kommunalen Praxis

2019

von

Sebastian Cott

Bibliografische Information der Deutschen Nationalbibliothek:

Die Deutsche Nationalbibliothek verzeichnet diese Publikation in der Deutschen Nationalbibliografie; detaillierte bibliografische Daten sind im Internet über http://dnb.dnb.de abrufbar.

Herstellung und Verlag:

BoD – Books on Demand, Norderstedt

ISBN: 9783750402836

„Wer nicht weiß, wohin er will, der muss sich nicht wundern, wenn er ganz wo anders ankommt!"

Mark Twain

Abstract

Wie kann eine wirkungsorientierte Haushaltskonsolidierung in der kommunalen Praxis aussehen? Und wie können gerade kleinere bis mittlere Kommunen ihren Haushalt wirkungsorientiert konsolidieren? Die Gemeinden Willstätt und Waldbronn haben sich diesem Thema angenommen und mit der Wirkungsbeitragsanalyse einen weiteren erfolgreichen Schritt in diese Richtung gemacht. Bei der praktischen Umsetzung in den beiden Gemeinden konnten Lösungen zu Problemstellungen erarbeitet und elementare Voraussetzungen definiert werden. Interessant bei der im Folgenden beschriebenen Vorgehensweise ist, dass die Konsolidierungspotenziale („praktisch automatisch") aus einer strategischen Steuerung heraus entstanden sind.

Inhaltsverzeichnis

Abkürzungsverzeichnis

Abb.	Abbildung
Abs.	Absatz
Aufl.	Auflage
Bd.	Band
BW	Baden-Württemberg
bzw.	beziehungsweise
ca.	circa
CO_2	Kohlenstoffdioxid
d. h.	das heißt
Dr.	Doktor
EDV	elektronische Datenverarbeitung
erw.	erweiterte
f.	folgende
ff.	fortfolgende
GBl.	Gesetzblatt
GemHVO	Gemeindehaushaltsverordnung – in der Fassung vom 11. Dezember 2009, zuletzt geändert am 29. April 2016 (GBl S. 332)
GemO	Gemeindeordnung für Baden-Württemberg – in der Fassung vom 24. Juli 2000, zuletzt geändert am 19. Juni 2018 (GBl S. 221)
ggf.	gegebenenfalls

HH	Haushalt
Hrsg.	Herausgeber
HSK	Haushaltsstrukturkommission
IKZ	Interkommunale Zusammenarbeit
i. d. R.	in der Regel
i. V. m.	in Verbindung mit
KGSt	Kommunale Gemeinschaftsstelle für Verwaltungsma-nagement
KMS	Kehler Management-System©
KSM	Kommunales Steuerungsmodell
max.	maximal
min.	mindestens
NKHR	Neues kommunales Haushalts- und Rechnungswesen
Nr.	Nummer
NSM	Neues Steuerungsmodell
o. g.	oben genannte/r
PDCA	Plan-Do-Check-Act
Prof.	Professor
S.	Seite
SMART	Specific, Measurable, Assignable, Realistic, Time-related

sog.	sogenannt/e/er
St.	Sankt
u. a.	unter anderem
WBA	Wirkungsbeitragsanalyse
vgl.	vergleiche
VwV	Verwaltungsvorschrift
z. B.	zum Beispiel

Abbildungsverzeichnis

Formale und stilistische Hinweise

1. Es sind stets Personen männlichen, weiblichen und diversen Geschlechts gleichermaßen angesprochen; aus Gründen der einfacheren Lesbarkeit wird im Folgenden nur die männliche Form verwendet.

2. Alle aufgeführten Internetquellen wurden zuletzt am 31. August 2018 abgerufen.

3. Die Ausführungen basieren auf dem rechtlichen und wissenschaftlichen Stand vom 31. August 2018.

Kapitel 1

1.1 Einleitung

Mit der Umstellung auf das Neue Kommunale Haushalts- und Rechnungswesen (NKHR) werden die Gemeinden veranlasst einen produktorientierten Haushaltsplan aufzustellen, um auf sparsame und wirtschaftliche Weise[1] eine stetige Aufgabenerfüllung[2] garantieren zu können. Grundsätzlich ist hierbei ein ausgeglichener Haushalt anzustreben, was letztendlich einer nachhaltigen und intergenerativ gerechten Finanzwirtschaft dienen soll. Aufgrund der teils angespannten Haushaltslage einiger Gemeinden (die Pro-Kopf-Verschuldung (einschließlich Eigenbetriebe und Eigengesellschaften) der kreisangehörigen Gemeinden in Baden-Württemberg lag am 31. Dezember 2017 durchschnittlich bei 1.070 Euro je Einwohner[3]), bedarf es zur Umsetzung dieser Vorgaben jedoch einer entsprechenden Haushaltskonsolidierung.

Unter dem Begriff Haushaltskonsolidierung werden grundsätzlich alle Maßnahmen verstanden, die auf eine Verringerung der öffentlichen Schulden, eine Entzerrung der Tilgungsstrukturen und/oder eine Reduzierung der Zinslasten abzielen, um einen Haushaltsausgleich herbeizuführen. Die meisten Konsolidierungsmaßnahmen fokussieren dabei ausschließlich die Finanzseite (=Input-Orientierung). Ertragsseitig stiegen in Baden-Württemberg trotz der andauernden guten Wirtschaftslage, die Hebesätze für die Grundsteuern

---

[1] Nach § 77 Abs. 2 GemO ist die Haushaltswirtschaft sparsam und wirtschaftlich zu führen.

[2] Nach § 77 Abs. 1 GemO ist die Haushaltswirtschaft so zu planen und zu führen, dass die stetige Erfüllung der Aufgaben gesichert ist.

[3] Quelle: Pressemitteilung 160/2018, Statistisches Landesamt BW; abzurufen unter https://www.statistik-bw.de/Presse/Pressemitteilungen/2018160.

A und B in den Jahren 2015 bis 2017 um durchschnittlich 2% pro Jahr und die Hebesätze für die Gewerbesteuer im gleichen Zeitraum um durchschnittlich 1% pro Jahr.[4] Bundesweit zeichnet sich dieser Trend sogar noch stärker ab.[5] Zusätzlich haben beispielsweise die Stadt Taunusstein in Hessen mit Wirkung vom 1. Januar 2016 oder die Ortsgemeinde Stadtkyll in Rheinland-Pfalz mit Wirkung vom 1. Juli 2014 eine „Nachhaltigkeitssatzung"[6] bzw. eine „Satzung generationengerechter Finanzen"[7] eingeführt.[8] Auf der Aufwandsseite stellt die pauschale Kürzung eine oft genutzte Einsparmöglichkeit dar.[9] Die Leistungsseite (=Output und Outcome[10]) bleibt bei diesen Herangehensweisen hingegen unberücksichtigt.

---

[4] Eigene Berechnung auf Grundlage der Daten des Statistischen Landesamtes BW; https://www.statistik-bw.de/FinSteuern/Steuern/Hebesatz-GE.jsp.

[5] Siehe z. B. Pressemitteilung Nr. 287 vom 21. August 2017 des Statistischen Bundesamtes.

[6] Abzurufen unter https://www.taunusstein.de/inhalte/1029203/richtlinien-satzungen/index.html.

[7] Abzurufen unter http://www.stadtkyll.de/sc_start/OG%20Stadtkyll/Ortsgemeinde/Satzungen/.

[8] In diesem Kontext liegt der Fokus ausschließlich auf den genannten Einzelmaßnahmen. Inwieweit die Gemeinden weitere, auch leistungsorientierte Maßnahmen eingeführt haben, bleibt hier außer Betracht.

[9] Z. B. nach § 24 Abs. 1 GemHVO.

[10] Die Begriffe Output und Outcome sind aus der Betriebswirtschaftslehre übernommen. Als Output (englisch: Ergebnis, Leistung) wird die Ausbringungsmenge eines Produktionsprozesses bezeichnet (vgl. Wöhe und Döring 2013, S. 33 f.). Der Outcome (englisch: Auswirkung) beschreibt die langfristige Auswirkung des Outputs.

Haushalt

Leistungsseite
- Ziele (Wirkungs-/Leistungsziele)
- Leistungen (Produkte)
- Maßnahmen
- Kennzahlen

Finanzseite
- Haushaltssatzung
- Gesamthaushalt
- Teilhaushalte
- Finanzplan etc.

Abbildung 1 – Zwei Seiten eines Haushalts [11]

Vor diesem Hintergrund stellt sich die Frage, ob eine an der Wirkung, also am Outcome orientierte Haushaltskonsolidierung möglich ist und wie diese aussehen könnte. Diesem Thema wird auf den folgenden Seiten nachgegangen. Am Beispiel der Gemeinden Willstätt und Waldbronn zeigt sich, dass eine wirkungsorientierte Haushaltskonsolidierung in der kommunalen Praxis möglich ist.

Neben den Schwierigkeiten, welche im Rahmen dieses Projektes aufgetreten sind, werden auch passende Lösungsmöglichkeiten aufgezeigt. Ziel ist es, kleinen bis mittleren Gemeinden eine Hilfestellung für eine wirkungsorientierte Haushaltskonsolidierung für die tägliche Praxis zu bieten. Im nächsten Abschnitt wird daher zunächst die Ausgangslage der beiden Gemeinden dargestellt. Anschließend beschreibt Kapitel 2 den eigentlichen Projektablauf, bevor das dritte Kapitel die Verzahnung zu anderen Themenfeldern herstellt. Der Schlussteil fasst abschließend die Ergebnisse zusammen.

---

[11] Quelle: Eigene Darstellung.

3

> **Haushaltskonsolidierung**
>
> *Der Begriff Haushaltskonsolidierung ist im allgemeinen Sprachgebrauch meist negativ belegt. Im Kontext dieser Arbeit ist der Begriff vielmehr neutral zu sehen. Auf die Gründe für diese Ansicht wird in Kapitel 4 näher eingegangen.*

1.2 Grundlagen

Die Gemeinde Willstätt, bestehend aus den fünf Ortsteilen Eckartsweier, Hesselhurst, Legelshurst, Sand und Willstätt, liegt im Landkreis Ortenaukreis und beheimatet insgesamt 9.788 Einwohner[12]. Im Rahmen der Umstellung auf das NKHR zum 1. Januar 2017 wurde auch der umstrukturiert.

Innerhalb der sechs Teilhaushalte erfolgt die Planung und Rechnungslegung im Wesentlichen auf Produktgruppenebene. Trotz zahlreicher Investitionen (sowohl in den vergangenen Jahren, als auch innerhalb des aktuellen Finanzplanungszeitraumes), kann man bei der Gemeinde Willstätt von einer ausgeglichenen und soliden Finanzsituation sprechen.[13]

Die Gemeinde Waldbronn liegt im Landkreis Karlsruhe, ca. zehn Kilometer südöstlich der Stadt Karlsruhe und hat insgesamt 12.884

---

[12] Stand zum 30. September 2017; Quelle: https://www.statistik-bw.de/BevoelkGebiet/Bevoelkerung/01035055.tab?R=GS317141.

[13] Siehe hierzu Haushaltsplan 2017 und 2018; abzurufen unter http://www.willstaett.de/rathaus-buergerservice/gemeinde/finanzen.html.

Einwohner[14], verteilt auf die Ortsteile Busenbach, Etzenrot mit Neurod und Reichenbach. Die Umstellung auf das NKHR soll hier zum 1. Januar 2020 erfolgen. Im Gegensatz zur Gemeinde Willstätt, ist die Finanzsituation in Waldbronn aktuell sehr angespannt, sodass die zuständige Rechtsaufsichtsbehörde die Genehmigung weiterer Kredite nicht in Aussicht stellte und zeitnah ein Konzept zur Haushaltskonsolidierung forderte.

Kameralistik und Doppik

Aus Gründen der besseren Lesbarkeit werden im Folgenden zur Beschreibung der allgemeinen Vorgehensweise, hin zu einer wirkungsorientierten Haushaltskonsolidierung, die Begriffe des Neuen Kommunalen Haushalts- und Rechnungswesen verwendet. Sofern nicht speziell darauf eingegangen wird, sind die Begriffe Produktbereiche, Produkte und Leistungen daher im Kontext mit der Kameralistik synonym für die Begriffe Einzelpläne, Unterabschnitte und Aufgaben zu lesen.[15]

---

[14] Stand zum 30. September 2017; Quelle: https://www.statistik-bw.de/BevoelkGebiet/Bevoelkerung/01035055.tab?R=GS215110.

[15] Auf eine detaillierte Unterscheidung der Begrifflichkeiten kann in diesem Zusammenhang verzichtet werden.

Kapitel 2

2.1 Das Grundprinzip

Ein Kernelement des Neuen Steuerungsmodells (NSM), welches mit der Verwaltungsreform Anfang der 90er Jahre eingeführt wurde, ist eine zunächst leistungsorientierte, später auch wirkungsorientierte Steuerung. Den Ausgangspunkt stellen in beiden Fällen die Bürger dar. Jene haben diverse Bedürfnisse, welche letztendlich in einem Bedarf und daraus konkreten Nachfrage münden (für eine Unterscheidung und detaillierte Erläuterung der Begriffe Bedürfnisse, Bedarf und Nachfrage wird auf die entsprechende Fachliteratur verwiesen[16]). Ziel einer Gemeinde sollte es letztendlich sein, diesen Bedarf zu decken.

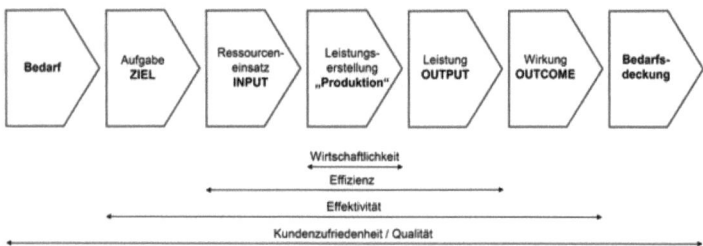

Abbildung 2 – Vom Bedarf zur Bedarfsdeckung [17]

Um dieses Ziel erreichen zu können, muss dem Gemeinderat und der Verwaltung zunächst jedoch der Bedarf der Bürger bekannt sein.

---

[16] Siehe z. B. Bontrup 2004, S. 29 ff.

[17] Quelle: Böhmer/Kegelmann/Kientz 2016, Lexikon „Outcomesteuerung"; inhaltlich und grafisch überarbeitet.

Diese elementare Prämisse lässt sich mittels diverser Methoden der Partizipation erfüllen.[18] Die Ergebnisse finden sich anschließend in Visionen, Leitbildern oder Leitsätzen der Gemeinde wieder.

Visionen, Leitbild, Wirkungs- und Leistungsziele, Maßnahmen

Die Zuordnung der verwendeten Begriffe zu den verschiedenen Management-Ebenen[19] und deren zeitlicher Horizont ist der folgenden Abbildung zu entnehmen:

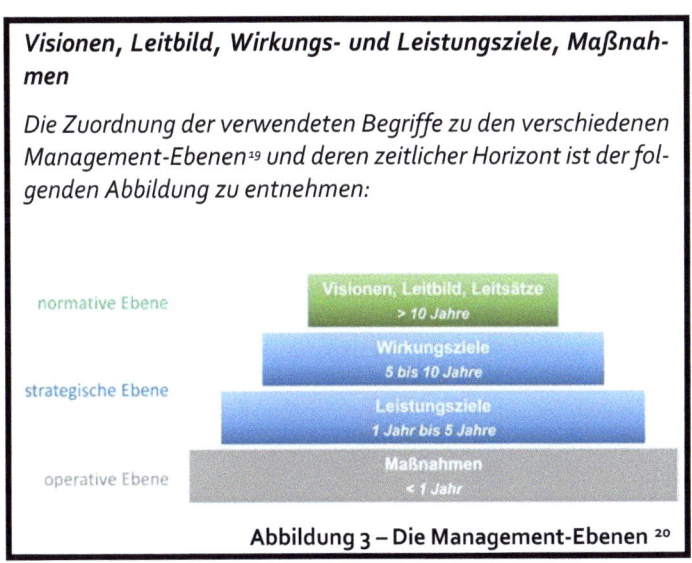

Abbildung 3 – Die Management-Ebenen [20]

---

[18] Siehe z. B. Handbuch zur Partizipation, Senatsverwaltung für Stadtentwicklung und Umwelt Berlin; abzurufen unter https://www.stadtentwicklung.berlin.de/soziale_stadt/partizipation/de/handbuch.shtml.

[19] In Anlehnung an das St. Galler Management-Modell; siehe Bleicher 2017, S. 87 ff.

[20] Quelle: Eigene Darstellung in Anlehnung an Bleicher 2017.

Damit Politik und Verwaltung bei ihrem weiteren Vorgehen nicht an dem ermittelten Bedarf ihrer Bürger und somit an der Bedarfsdeckung vorbeiplanen und -handeln, sollten sie sich folgende Fragen[21] stellen:

- ➢ **Was wollen wir erreichen?**
- ➢ **Was müssen wir dafür tun?**
- ➢ **Wie müssen wir es tun?**
- ➢ **Was müssen wir dafür einsetzen?**

Besagte Fragen aus dem „Zielsystem für Kommunen" der Kommunalen Gemeinschaftsstelle für Verwaltungsmanagement (KGSt) dienten als Ausgangspunkt für diese Arbeit. Bereits zu Beginn zeigte sich allerdings, dass die Formulierung von Wirkungs- und Leistungszielen strikt getrennt erfolgen sollte. Aufgrund dessen wurde die Zuordnung der Fragen zu den einzelnen Phasen zunächst angepasst (siehe Abb. 4).

---

[21] KGSt-Bericht 3/2005, S. 23.

8

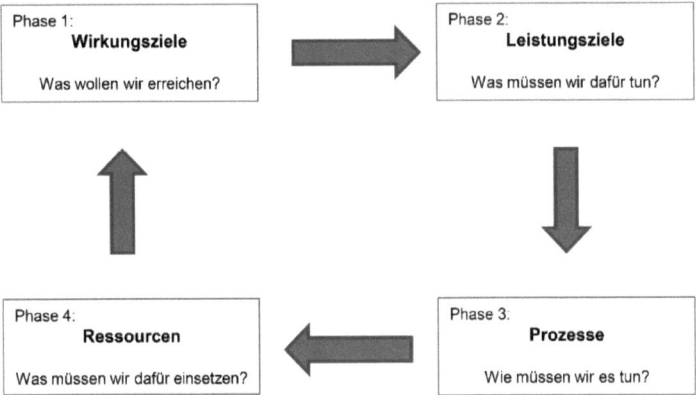

Abbildung 4 – Zielsystem für Kommunen [22]

Weitere Grundvoraussetzungen

In einer weiterentwickelten Version des NSMs, dem Kommunalen Steuerungsmodell (KSM)[23], nennt die KGSt weitere Grundvoraussetzungen für die Umsetzung einer strategischen Steuerung:

1. **Qualitätsmanagement**

   Die Implementierung eines Qualitätsmanagements ist mitunter ein wesentlicher Schlüsselfaktor für eine erfolgreiche strategische Steuerung. Ziel ist es, mittels geeigneter Instrumente und

---

[22] Quelle: KGSt-Bericht 3/2005, S. 23; inhaltlich und grafisch überarbeitet.

[23] Siehe KGSt-Bericht 5/2013.

Methoden (z. B. PDCA-Zyklus[24]) die Qualität[25] der erstellten Produkte zu verbessern, da diese letztendlich ausschlaggebend für die Zufriedenheit der Bürger ist.

2. Strategisches Controlling[26]

Durch ein strategisches Controlling lässt sich die Effektivität betrachten und steuern. Die Kernfrage lautet hierbei „Tun wir die richtigen Dinge?". Sollte dies nicht der Fall sein, wird dies unmittelbare Auswirkungen auf die Qualität[27] und somit auf die Zufriedenheit der Bürger haben.

3. Operatives Controlling[28]

Neben der Effektivität spielt auch die Effizienz und die Wirtschaftlichkeit des gesamten Produktionsprozesses[29] eine wichtige Rolle. Die Antwort auf die damit verbundene Frage „Tun wir die Dinge richtig?" wird, wenn auch nur mittelbar, ebenfalls Auswirkungen auf die Zufriedenheit der Bürger haben. Dies hängt mit der Tatsache zusammen, dass die finanziellen Ressourcen einer Kommune einer natürlichen Knappheit unterliegen und aufgrund ineffizienter Prozessabläufe nicht anderweitig zur Verfügung stehen.

---

[24] Auch Deming-Kreis; vgl. Zollondz 2011, S. 89 ff.

[25] Qualität bezieht sich hierbei nicht nur auf objektive, valide Skalen, an denen diese gemessen wird, sondern auch auf das eingelöste Versprechen, funktionale und emotionale Bedürfnisse zu befriedigen (vgl. Schmitt und Pfeifer 2010, S. 3 f.).

[26] Vgl. Horváth, Gleich und Seiter 2015, S. 107 f. und Hirsch 2009, S. 18 ff.

[27] Siehe Fußnote 25.

[28] Siehe Fußnote 26.

[29] Unter Produktion ist hier die Erstellung einer Leistung oder eines Produktes im Rahmen einer Verwaltungstätigkeit zu verstehen.

2.2 Phase 1 – „Was wollen wir erreichen?"

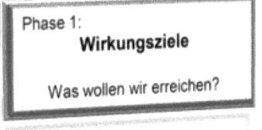

Parallel zur Umstrukturierung des Haushaltsplans fanden in Willstätt Klausurtagungen statt. Hierbei wurden, basierend auf den Ergebnissen des Workshops „Perspektive Zukunft"[30], die Generalziele und Markensätze der Gemeinde Willstätt aktualisiert und konkretisiert. Zu jedem der bereits definierten Zielfelder –

Zielfeld 1 – Familie, Generationen, Bildung

Zielfeld 2 – Lebensqualität

Zielfeld 3 – Wirtschaft

Zielfeld 4 – Natur, Landwirtschaft

Zielfeld 5 – Sport, Freizeit, Kultur –

standen die folgenden Fragestellungen[31] im Mittelpunkt der Überlegungen:

---

[30] Der Workshop „Perspektive Zukunft" fand in den Jahren 2011/2012 in Zusammenarbeit mit den Bürgern der Gemeinde Willstätt statt. Dabei wurden die Ziele der „Marke Willstätt" an die aktuellen Geschehnisse angepasst und somit ein Grundstein für die strategische Steuerung und die doppische Haushaltsplanung gelegt; siehe Haushaltsplan 2018.

[31] Quelle: „Zukunftsstrategie der Gemeinde Willstätt – Aktualisierung der Generalziele und Markensätze".

➤ „Wo wollen wir in ca. zehn Jahren bei unseren jeweiligen Zielfeldern sein?"

➤ „Was ist uns besonders wichtig bei diesem Zielfeld?"

➤ „Was wollen wir in den nächsten 3-5 Jahren erreichen, wenn wir in zehn Jahren dort sein wollen?"

Aus den Antworten der gestellten Fragen ergaben sich die folgenden strategischen Ziele, welche innerhalb der einzelnen Zielfelder vom Gemeinderat priorisiert und somit in eine Rangfolge gebracht wurden:

1. **Zielfeld 2 – Lebensqualität**

   Strategisches Ziel: *Verbesserung der Grundversorgung – Wohnungen, Geschäfte, Ärzte, Wochenmarkt, Verwaltung in allen Ortsteilen*

2. **Zielfeld 1 – Familie, Generationen, Bildung**

   Strategisches Ziel: *Gesundes, abwechslungsreiches Mittagsessen in der Mensa anbieten und Nutzungskonzept für die Mediathek erstellen*

3. **Zielfeld 4 – Natur, Landwirtschaft**

   Strategisches Ziel: *Belange der Landwirtschaft erhalten höheren Stellenwert*

4. **Zielfeld 3 – Wirtschaft**

   Strategisches Ziel: *Ausbau der örtlichen und regionalen Rad- und Wanderwege*

5. **Zielfeld 5 – Sport, Freizeit, Kultur**

   Strategisches Ziel: *Vereine und Kultur stärken*

Die Gemeinde Waldbronn hat sich im Jahr 2016 ebenfalls intensiv mit der Erstellung eines Leitbildes auseinandergesetzt. Hierbei entstanden sechs Visionen, zu denen es wiederum diverse Leitlinien und ausformulierte Ziele gibt. Diese lassen sich dem Leitbild „Waldbronn 2025" entnehmen[32]. Eine Priorisierung fand auf keiner Ebene statt, sodass alle Visionen, Leitsätze und Ziele für das weitere Vorgehen gleichberechtigt nebeneinanderstehen.[33]

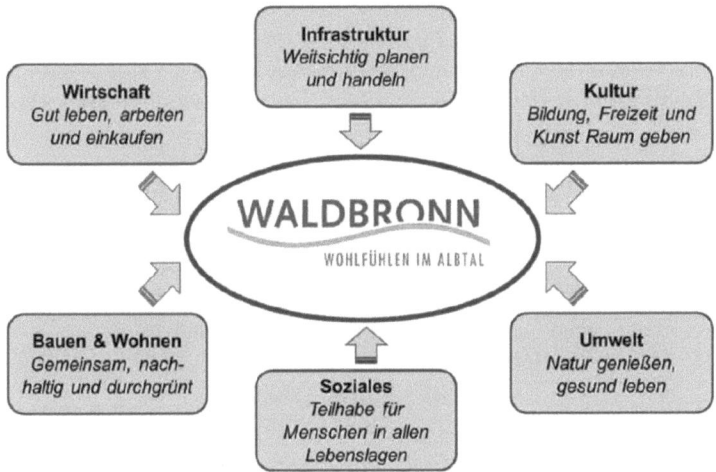

Abbildung 5 – Vision der Gemeinde Waldbronn [34]

---

[32] https://www.waldbronn.de/de/Gemeinde/Aktuelles/Leitbild-2025-Verabschie-dung-Januar-2016

[33] Aufgrund des engen Zeitrahmens zur Aufstellung eines Konsolidierungskonzeptes war eine nachträgliche Priorisierung vorerst nicht möglich.

[34] Quelle: Leitbild Waldbronn 2025 in der Fassung vom 13. Juli 2016.

2.3 Phase 2 des Zielsystems für Kommunen

Nachdem festgelegt wurde, welche Wirkungen man erreichen möchte um den Bedarf der Bürger zu decken, stellt sich die Frage, was eine solche gewünschte Wirkung erzeugen könnte und in welcher Form eine Kommune diese Ursache beeinflussen kann. Ist es z. B. ein Wirkungsziel, dass die Bürger in einer gesunden Umwelt leben, könnte die Reduzierung des CO_2-Ausstoßes als eine mögliche Ursache und somit als Leistungsziel definiert werden. Konkreten Einfluss hierauf könnte eine Kommune dann beispielsweise über das Gebäudemanagement nehmen.

Die genannten Überlegungen sind weiterhin der strategischen Ebene zuzuordnen, wobei bei der konkreten Einflussnahme schon die Frage nach einem operativen „Wie?" mitschwingt. Um hier schrittweise zu einer Lösung zu kommen, wurde die Phase 2 daher in eine Phase 2a und eine Phase 2b aufgeteilt.

2.4 Phase 2a – „Was müssen wir dafür tun?"

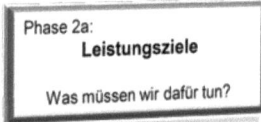

Zur Erreichung der jeweiligen Wirkungsziele bedarf es im Anschluss an deren Festlegung also der Formulierung von Leistungszielen. Diese Leistungsziele beschreiben sozusagen das gewünschte Ergebnis der Verwaltungsarbeit, wohingegen die Wirkungsziele die gewünschte bzw. gedachte Wirkung auf Dritte (in diesem Fall die Bürger) beschreiben.

Die Gemeinde Willstätt formulierte ihre Leistungsziele bereits im Rahmen der Klausurtagungen. Übertragen auf das Begriffsverständnis dieser Arbeit können die Ergebnisse im Zielfeld 2 exemplarisch wie folgt eingeteilt werden:

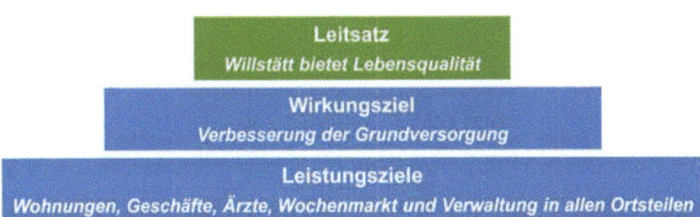

Abbildung 6 – Zielpyramide der Gemeinde Willstätt [35]

Bei anderen Zielfeldern fällt auf, dass sich die formulierten Ziele nicht immer eindeutig der Ebene der Wirkungs- bzw. Leistungsziele zuordnen lassen. Gleiches gilt für die strategischen Ziele der Gemeinde Waldbronn.

Auch wenn dies im weiteren Verlauf kein direktes Hindernis darstellt, ist generell – wie oben bereits erwähnt – auf eine getrennte Formulierung zu achten. Dies begründet sich darin, dass die sehr abstrakt formulierten Wirkungsziele und deren Ursache-Wirkungs-Zusammenhänge sich meist nur über Indikatoren messen lassen, während bei den konkreter formulierten Leistungszielen i. d. R. Kennzahlen zur Messung herangezogen werden. [36]

---

[35] Quelle: Eigene Darstellung.

[36] Bereits bei der Zielformulierung sollten aussagekräftige Indikatoren bzw. Kennzahlen zur späteren Messung der jeweiligen Zielerreichung festgelegt werden. Des Weiteren müssen zwischen Wirkungs- und Leistungszielen Ursache-Wirkungs-Zusammenhänge bestehen.

2.5 Phase 2b – „Was sind die richtigen Produkte?"

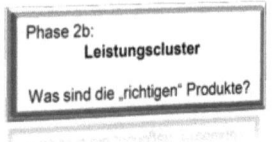

Nach Abschluss der Zielformulierungen stellt sich die Frage, welche Produkte Einfluss auf die formulierten Leistungsziele haben, sodass anschließend die gewünschte Wirkung erzielt werden kann. Anlehnend an das strategische Controlling lautet die Frage somit, welche Produkte die „richtigen" Produkte sind.

Die Beantwortung dieser Frage obliegt dem Gemeinderat, da dies der strategischen Ebene zuzuordnen ist. Gleichzeitig empfiehlt es sich, die jeweiligen Produkt(gruppen)verantwortlichen herbeizuziehen. Jene können in beratender Funktion wichtige Hinweise oder Erläuterungen zu den Produkten liefern, sodass der Gemeinderat den jeweiligen Einfluss auf die Leistungsziele und somit deren Wirkung auch vollumfänglich beurteilen kann. Sollte die Stelle eines strategischen Controllers[37] bereits besetzt sein, ist dieser ebenfalls in beratender Funktion zu beteiligen.[38]

2.5.1 Die Wirkungsbeitragsanalyse

Zur Beantwortung der vorangestellten Frage wird eine sog. Wirkungsbeitragsanalyse (WBA) durchgeführt. Die KGSt nutzt diese als

---

[37] Zum Thema „strategisches Controlling" siehe auch Abschnitt 3.1.1.

[38] Die KGSt vertritt ebenfalls die Meinung, dass Wirkungsbeiträge nur durch Experten aus Politik und Verwaltung beurteilt werden können (siehe KGSt-Bericht 3/2005, S. 25 ff.). An dieser Stelle wird ergänzend die Auffassung vertreten, die Experten der Verwaltung lediglich in beratender Funktion hinzuzuziehen, da strategische Entscheidungen vollumfänglich dem Gemeinderat vorzubehalten sind.

eine Methode zur Erfassung von Wirkungsbeiträgen unter Berücksichtigung des Ressourceneinsatzes.[39]

Hierzu entstand bereits im Vorfeld dieses Projektes, begleitet durch Professoren der Hochschule für öffentliche Verwaltung in Kehl, ein spezielles Bewertungsmuster, welches die Leistungen der Gemeinde Willstätt in Produktgruppensicht (Anlage 1 - „Ausgangsmuster") darstellt. Mit Hilfe eines solchen Musters soll der Gemeinderat eine WBA durchführen, also den Wirkungsbeitrag je Produktgruppe zur jeweiligen strategischen Zielerreichung einschätzen. Im Nachgang können das Ergebnis seitens der Verwaltung aufbereitet und sog. Zieldeckungsbeiträge[40] ermittelt werden. Basierend auf den Zieldeckungsbeiträgen lässt sich in Anlehnung an eine ABC-Analyse[41] eine Strategie zur Überarbeitung der jeweiligen Leistungsstandards erstellen. Dabei sollen, abhängig vom Disponibilitätsgrad[42], bei Produktgruppen mit einem

> *hohen Zieldeckungsbeitrag, die Leistungsstandards erhöht,*

> *mittleren Zieldeckungsbeitrag, die Leistungsstandards beibehalten,*

> *niedrigen Zieldeckungsbeitrag, die Leistungsstandards gesenkt*

werden (siehe auch Abschnitt 2.5.3).

---

[39] Vgl. KGSt-Bericht 2/2005, S. 17 ff.

[40] Zieldeckungsbeitrag ist hier synonym zum Begriff „Nutzwert" der KGSt zu sehen.

[41] Details zur ABC-Analyse siehe KGSt-Bericht 2/2005, S. 18 f.

[42] Der Disponibilitätsgrad gibt die Beeinflussbarkeit der Produktmenge und der Produkt-qualität an. Bezogen auf eine Kommune ist hierbei zwischen freiwilligen, Pflicht- und Weisungsaufgaben zu unterscheiden.

Ausgehend von den beschriebenen Überlegungen stellt sich aber zunächst die Frage, inwiefern diese theoretischen Ansätze in die Praxis übertragbar sind.

2.5.1.1 Machbarkeit

Elementar für eine wirkungsorientierte Haushaltskonsolidierung sind die Akzeptanz und die damit verbundene Verbindlichkeit der erarbeiteten Strategien, sowohl für den Gemeinderat als auch für die Verwaltung. Schließlich ist eine auf dem Papier stehende Strategie, welche an der Umsetzung mangels Zustimmung des Gemeinderates oder an der Zusammenarbeit der Verwaltung mit dem Gemeinderat scheitert, nutzlos. Im Vorfeld sind daher die Konsequenzen dieses Projektes und der im Ergebnis entstehenden Konzepte für alle Beteiligten deutlich hervorzuheben. Zudem ist es unabdingbar, dass sich der Gemeinderat (und später auch die Verwaltung) immer an den vorgegebenen Wirkungszielen orientieren. Dies erfordert ggf. eine vollkommene Neuausrichtung der bisherigen Verfahrensweisen.

Angesichts dieser grundlegenden Bedingungen wurden das Ausgangsmuster und die genannten Analyseinstrumente kritisch unter die Lupe genommen, sowie der weitere Ablauf unter Berücksichtigung der jeweils gegebenen örtlichen Besonderheiten neu konzeptioniert.

2.5.1.2 Bewertungsmatrix

Die speziellen Gegebenheiten in den Gemeinden Willstätt und Waldbronn machten eine Überarbeitung des Ausgangsmusters erforderlich. So entstand eine neue Bewertungsmatrix (Anlage 2 – „Bewertungsmatrix Willstätt", Anlage 3 – „Bewertungsmatrix Waldbronn"), mit welcher die Wirkungsbeiträge der einzelnen Produkte bzw. Produktgruppen (Leistungen) bewertet wurden. Diese Matrix kann auch als Vorlage für weitere Gemeinden herangezogen werden

und ist unter den folgenden Gesichtspunkten entsprechend anzupassen:

Umfang

Der bislang verfolgte Ansatz einer strategischen Steuerung stellt die
Wirkung des Outputs auf den Bürger in den Vordergrund. In der Kon-
sequenz sind daher jene Leistungen der Gemeinde zu betrachten,
die eine nach außen gerichtete Wirkung entfalten.

Da jedem Output ein Produktionsprozess vorausgeht, lassen sich die
Leistungen einer Gemeinde in Anlehnung an das Prozessmanage-
ment in Leistungen mit vorangestellten Geschäfts-, Management-
und Supportprozessen untergliedern.[43] Die Geschäftsprozesse führen dabei zu Leistungen mit einer nach außen gerichteten Wirkung
(Produkte der Produktgruppen 11.3x ff.). Unterstützt werden diese
von den Supportprozessen (Produkte der Produktgruppen 11.2x).
Die Managementprozesse (Produkte der Produktgruppen 11.1x) dienen der Planung, Koordination, Steuerung und Kontrolle.[44]

Um sich strategisch optimal am Bürger auszurichten, ist es notwendig, sich bei der Bewertung zunächst ausschließlich auf die Geschäftsprozesse und somit auf die Leistungen mit einer nach außen
gerichteten Wirkung zu konzentrieren. Ergo sind lediglich die Produktgruppen 11.30 bis 57.50 durch den Gemeinderat zu bewerten.
Der Produktbereich 61 „Allgemeine Finanzwirtschaft" wird ebenfalls
nicht bewertet, da dieser keine unmittelbar nach außen gerichtete
Wirkung entfaltet.

Mit der besagten Vorgehensweise ist sichergestellt, dass die Prozesse in der dritten Phase („Wie müssen wir es tun?") optimal an den

---

[43] vgl. Vahs 2015, S. 222 f.

[44] siehe VwV Produkt- und Kontenrahmen.

strategischen Zielen ausgerichtet werden können. Die regelmäßige Diskussion über beispielsweise Personalkosteneinsparungen wird somit vorerst umgangen. Das bedeutet nicht, dass eine Gemeinde ihre Personalkosten nicht kritisch hinterfragen soll. Vielmehr dient diese Vorgehensweise dazu, dass die Verwaltung in einem späteren Prozess ihr Personalmanagement an die strategische Ausrichtung anpassen kann. Gleiches gilt selbstverständlich auch für die anderen Leistungen aus den Bereichen Support und Management. Unbestritten dürfte sein, dass ein Produktionsprozess[45] personelle und technische Ressourcen bindet und auch die Qualität[46] der Leistungen im Wesentlichen von diesen Faktoren abhängig ist.

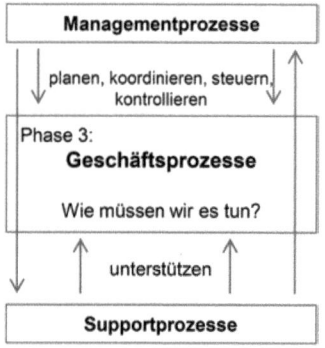

Abbildung 7 – Prozesse in der Verwaltung [47]

Anmerkung zur Bewertungsmatrix der Gemeinde Waldbronn:

---

[45] Siehe Fußnote 29.

[46] Siehe Fußnote 25.

[47] Quelle: Vahs 2015, S. 223; inhaltlich und grafisch überarbeitet

> *Hier wurden ebenfalls nur die Aufgaben mit vorausgehenden Geschäftsprozessen in die Bewertungsmatrix mitaufgenommen. Aufgrund der kameralen Haushaltsführung entspricht dies hier den Unterabschnitten 0510 bis 8808.*

Gliederungstiefe

Ursprünglich sollte die Bewertung der Wirkungsbeiträge ausschließlich auf Produktgruppenebene stattfinden. Für die Gemeinde Willstätt wurde dies durch die Darstellung der Produktgruppen 21.10 „Allgemeinbildende Schulen", 31.40 „Soziale Einrichtungen", 36.20 „Allgemeine Förderung junger Menschen" und 42.41 „Sportstätten" auf Produktebene individualisiert. Ursächlich hierfür ist, dass die Produkte aus den genannten Produktgruppen entweder einen aktuellen Themenschwerpunkt innerhalb der Gemeinde darstellen oder sich aufgrund der örtlichen Gegebenheiten nur einzeln sinnvoll bewerten lassen.[48] Im Wesentlichen sollten die Leistungen einer Gemeinde aber auf Produktgruppenebene dargestellt werden.[49] Dies ermöglicht es dem Gemeinderat einen übersichtlichen Gesamteindruck zu erhalten, um anschließend eine möglichst effiziente[50] Wirkungsbewertung durchführen zu können.

---

[48] Gliederungen und Gruppierungen für die Finanzstatistik können ebenfalls eine detailliertere Aufstellung erforderlich machen (siehe hierzu VwV Gliederung und Gruppierung der Haushalte der Gemeinden).

[49] Zur besseren Lesbarkeit wird im Folgenden auf die Darstellung auf Produktgruppenebene Bezug genommen. Sofern in der Bewertungsmatrix auf eine tiefergehende Gliederung abgestellt wird, gelten die Ausführungen analog.

[50] Die Effizienz der Bewertung bezieht sich hierbei auf den Faktor Zeit. Eine Bewertung sämtlicher Einzelprodukte führt unbestritten zu einem erheblich größeren Zeitaufwand. Fraglich ist, ob solche Einzelbewertungen somit letztendlich noch effektiv

Infolgedessen ist eine detaillierte Produktkritik[51] zu diesem Zeitpunkt nicht möglich. Vielmehr müssen die Produktgruppen mit all ihren Einzelprodukten im Hintergrund bewertet werden. Veranschaulichen lässt sich dies am Beispiel der Produktgruppe 12.60 „Brandschutz". Die Wirkung dieser Produktgruppe lässt sich nur über die Einzelprodukte den verschiedenen Zielfeldern zuordnen. So könnte in der Gemeinde Willstätt dem Produkt 12.60.04 „Brandschutzerziehung und -aufklärung" im Zielfeld 1 (Familie, Generation, Bildung) sicherlich eine hohe Wirkung zugerechnet werden, wohingegen die anderen Produkte dieser Produktgruppe ihre Wirkung eher im Zielfeld 2 (Lebensqualität) entfalten. Darüber hinaus führt eine fehlende detaillierte Produktkritik dazu, dass einzelne Produkte weiterhin im Produktportfolio der Gemeinde verbleiben könnten, obwohl dies im Sinne einer wirkungsorientierten Haushaltskonsolidierung vielleicht gar nicht der Fall sein dürfte.[52] Im Gegenzug bietet die Darstellung auf Produktgruppenebene jedoch auch den Vorteil, dass die Bewertung nicht zu sehr auf einer operativen Ebene stattfindet.[53]

Interdependenzen

Des Weiteren ist auf Interdependenzen zwischen den Produktgruppen zu achten. Sofern die Bewertung auf Produktgruppenebene erfolgt, ist zusätzlich zu bedenken, dass einzelne Produkte ebenfalls

---

sind, schließlich müsste der Gemeinderat jedes Produkt certeris paribus, d. h. unter gleichbleibenden Bedingungen bewerten.

[51] Vgl. KGSt-Bericht 2/2005, S. 9 ff.

[52] Hierzu könnten zum Beispiel die Feuersicherheitswachdienste (Produkt 12.60.02) durch die örtliche Freiwillige Feuerwehr zählen.

[53] Eine Bewertung auf operativer Ebene ist durch die Verwaltung und frühestens in Phase 3 vorzunehmen.

eine Wechselwirkung aufeinander ausüben, welche ggf. auf Produktgruppenebene augenscheinlich nicht zum Ausdruck kommt.

Auf derartige Produkt(gruppen)konkurrenzen und/oder -komplementaritäten[54] ist der Gemeinderat im Vorfeld der Bewertung ausdrücklich hinzuweisen.

Disponibilitätsgrad

Unmissverständlich muss allen Beteiligten vorab bewusst sein, dass einzelne Leistungen nicht dem freien Gestaltungswillen des Gemeinderates bzw. der Verwaltung unterliegen. Abhängig von der Art der zu erfüllenden Aufgabe ist schon zu Beginn in freiwillige, Pflicht- und Weisungsaufgaben zu unterscheiden. Dementsprechend erhöht oder vermindert sich der Spielraum des Gemeinderates bzw. der Verwaltung bezüglich der Gestaltung einzelner Leistungen der Gemeinde (in der Bewertungsmatrix kann dem Gemeinderat der Disponibilitätsgrad mittels der Kürzel F (=freiwillige Aufgabe), P (=Pflichtaufgabe) und W (=Weisungsaufgabe) verdeutlicht werden).

Eine weitere Alternative ist es, Weisungsaufgaben vollständig aus der Bewertungsmatrix herauszunehmen. Dies bringt zwei Vorteile mit sich:

1. Der Umfang der Bewertungsmatrix verringert sich und der Fokus wird stärker auf die beeinflussbaren Produktgruppen gelenkt.

2. Produktgruppen, welche mit einem niedrigen Wirkungsbeitrag bewertet werden, sind auch tatsächlich beeinflussbar.

---

[54] Beispiel aus der Gemeinde Willstätt: 42.10 Förderung des Sports ausbauen/reduzieren und Minder-/Mehrinvestitionen in 42.41.02 Sportanlagen führt je nach Konstellation zu einer Konkurrenz oder Komplementarität.

Der Waldbronner Gemeinderat bewertete im Rahmen der WBA auch die Weisungsaufgaben. Dies führte im späteren Verlauf dazu, dass Leistungen mit einem höheren vor jenen mit einem niedrigeren Zieldeckungsbeitrag in den Fokus der Konsolidierungsmaßnahmen rückten, da es sich bei den Leistungen mit den niedrigeren Zieldeckungsbeiträgen um nicht beeinflussbare Weisungsaufgaben handelte. Insbesondere für Bürger könnte dieses Vorgehen nicht nachvollziehbar sein. In der Bewertungsmatrix der Gemeinde Willstätt wurden die Weisungsaufgaben aus Gründen der Vollständigkeit daher zwar aufgeführt, jedoch nicht durch den Gemeinderat bewertet.

Budgets

Parallel zur Bewertung des Wirkungsbeitrages wird bei einer originären WBA auch der Ressourceneinsatz betrachtet. Im Ausgangsmuster wurde den Leistungen der Gemeinde Willstätt hierfür ein konsumtives Produktgruppenbudget[55] zugeordnet. Damit erhält der Gemeinderat eine, auf den ersten Eindruck, wichtige Information. Bei genauerer Betrachtung ist das bisherige bzw. aktuelle Budget jedoch irrelevant für die Bewertung eines Wirkungsbeitrages, da sich von der Höhe des Budgets nicht zwangsläufig Rückschlüsse auf die Wirkung oder gar die Qualität[56] ziehen lassen. Vielmehr dürften sich hierdurch Zielkonflikte zwischen dem Grundsatz der Sparsamkeit und Wirtschaftlichkeit[57] und den vom Gemeinderat definierten strategischen Zielen ergeben.

Zur Erläuterung der hieraus resultierenden Problematik sei das Budget der Produktgruppe 36.50 „Tageseinrichtungen für Kinder" mit veranschlagten 2.327.550 Euro und das der Produktgruppe 57.50

---

[55] Zur Definition von Budget siehe § 4 Abs. 2 i. V. m. § 61 Nr. 10 GemHVO.

[56] Siehe Fußnote 25.

[57] § 77 Abs. 2 GemO BW.

„Tourismus" mit veranschlagten 1.500 Euro genannt.[58] Ungeachtet einer genauen Überprüfung der Budgethöhe in beiden Produktgruppen, würde sich mit einer Kürzung von lediglich einem Prozent ein Betrag von rund 23.276 Euro in der Produktgruppe 36.50 „Tageseinrichtungen für Kinder" einsparen lassen, wohingegen dies mit einem Betrag von gerade einmal 15 Euro in der Produktgruppe 57.50 „Tourismus" praktisch keine finanziellen Auswirkungen hätte. Auf der anderen Seite müsste zur Erhöhung der Leistungsstandards um lediglich ein Prozent, ein zusätzlicher Betrag von rund 23.276 Euro bzw. 15 Euro aufgebracht werden.[59] Diese Überlegungen liegen aufgrund der Darstellung der Budgetsummen zwar nahe, würden aber wiederum in einer ausschließlich finanziellen Einschätzung und somit in einer am Input orientierten Haushaltskonsolidierung enden, weshalb letztendlich auf die Darstellung von Budgetsummen verzichtet wird.

Aber auch ohne die Darstellung der einzelnen Budgets zeigte sich bei der Durchführung in der Gemeinde Waldbronn, dass bisherige, inputorientierte Herangehensweisen nicht ausgeschlossen sind. Auf diese Problematik wird im Abschnitt 2.7 nochmals genauer eingegangen.

2.5.2 Bewertung durch den Gemeinderat

Zur Durchführung der WBA bietet sich neben einer Gemeinderatssitzung auch eine Klausurtagung an. Eine weitere Option stellt die Bewertung außerhalb der genannten Veranstaltungen dar. Hierfür wurde eine Kurzanleitung (Anlage 4 – „Kurzanleitung WBA Willstätt"; für die Gemeinde Waldbronn siehe Anlage 5 – „Kurzanleitung WBA Waldbronn") verfasst. Voraussetzung für diese Vorgehensweise ist, dass die Gemeinderäte vorab über Details zu den einzelnen

---

[58] Siehe Anlage 1 – „Ausgangsmuster".

[59] Zur vereinfachten Veranschaulichung wird hier von einer linearen Abhängigkeit von Leistungsstandard und Budgethöhe ausgegangen.

Produktgruppen informiert werden und im Bedarfsfall Verantwortliche aus der Verwaltung für Rückfragen zur Verfügung stehen.

Letztgenannte Variante hatte sich bereits bei der im Juni 2017 durchgeführten WBA in Waldbronn bewährt, sodass sich die Gemeinde Willstätt ebenfalls für eine solche Art der Durchführung entschied. Dementsprechend wurde der Gemeinderat in einer nicht öffentlichen Sitzung im Juni 2018 auf den aktuellen Stand gebracht und das weitere Vorgehen besprochen. Nach einer kurzen Erläuterung der Thematik verpflichteten sich die Gemeinderäte die Bewertung der Wirkungsbeiträge innerhalb einer Woche vorzunehmen. Gleichzeitig beauftragten sie die Verwaltung, die Ergebnisse bis zur nächsten Gemeinderatssitzung aufzubereiten.

Die eigentliche Bewertung erfolgt dann durch die Einschätzung des Wirkungsbeitrages der einzelnen Produktgruppen zu den strategischen Zielen.

Dabei bedeutet

0 - die Produktgruppe leistet keinen,

1 - die Produktgruppe leistet einen geringen,

2 - die Produktgruppe leistet einen mittleren,

3 - die Produktgruppe leistet einen großen

Beitrag zur jeweiligen Zielerreichung.

Durch die anschließende Multiplikation mit der jeweiligen Zielge-wichtung[60] und der zeilenweisen Addition dieser Ergebnisse, ergibt sich der Zieldeckungsbeitrag für die jeweilige Produktgruppe.

Da die Klausurtagungen der Gemeinde Willstätt bereits im Jahr 2016 stattfanden, war es im Vorfeld der WBA erforderlich, die Ziele in Zu-sammenarbeit mit dem Bürgermeister und dem Rechnungsamtslei-ter nochmals auf ihre Aktualität zu überprüfen.

Das Leitbild und die darin formulierten Ziele der Gemeinde Wald-bronn stammten ebenfalls aus dem Jahr 2016. Aufgrund der ange-spannten Haushaltssituation und der Vorgabe, zeitnah ein Konsoli-dierungskonzept vorzulegen, wurde auf eine grundsätzliche Überar-beitung verzichtet (eine grobe Prüfung durch die Haushaltsstruktur-kommission (HSK) ergab indessen, dass es auch hier keiner akuten Änderungen bedurfte).[61]

Zwar hat sich bei der Durchführung in beiden Gemeinden gezeigt, dass die WBA zeitlich nicht unmittelbar nach den vorangegangenen Phasen 1 und 2a absolviert werden muss; eine zeitliche Nähe von max. einem halben Jahr erscheint dennoch empfehlenswert. Dies gewährleistet zum einen die Aktualität der strategischen Ziele. Zum anderen zeigten sich in der Gemeinde Willstätt im Gegensatz zu der Gemeinde Waldbronn einige Schwierigkeiten mit der neuen Heran-gehensweise in Form einer strategischen Steuerung. Diese waren insbesondere auf den größeren zeitlichen Abstand zwischen Zielfor-mulierung und WBA zurückzuführen.

---

[60] Die Zielgewichtung ergibt sich aus der durch den Gemeinderat festgelegten Rang-folge der einzelnen Zielfelder. Die Gewichtung kann auch einheitlich erfolgen (siehe Waldbronn, hier Zielgewichtung einheitlich bei 1).

[61] Eine detaillierte Überarbeitung erfolgte im Juli 2018 im Rahmen einer Strategie-klausur.

2.5.3 Bildung von Leistungsclustern

Die Ergebnisse der Bewertung werden zur Bildung von Leistungsclustern verwendet. Hierbei gilt, dass bei Produktgruppen im

> ➢ *Leistungscluster A, die Leistungsstandards erhöht,*
>
> ➢ *Leistungscluster B, die Leistungsstandards beibehalten,*
>
> ➢ *Leistungscluster C, die Leistungsstandards gesenkt*

werden sollen.

Die Zuordnung zu den einzelnen Leistungsclustern ergibt sich aus der Höhe bzw. der absteigenden Rangfolge der berechneten Zieldeckungsbeiträge. Die Anzahl der Produktgruppen, welche dem Leistungscluster A, B bzw. C zugeordnet werden, ist vom Gemeinderat zu entscheiden.

Zu empfehlen ist ein **Leistungscluster A** mit max. drei Produktgruppen (bzw. fünf Produkten), damit diese in der nächsten Phase auch überarbeitet werden können.[62] Hier sind jene Produktgruppen mit den höchsten Zieldeckungsbeiträgen enthalten. Diese Produktgruppen (ferner einzelne Produkte oder Leistungen daraus) können im Haushaltsplan als Schlüsselpositionen[63] der Gemeinde ausgewiesen werden.

---

[62] Je nach finanziellen und personellen Kapazitäten können auch mehr Produkte bzw. Produktgruppen dem Leistungscluster A zugeordnet werden.

[63] Schlüsselpositionen sind insbesondere Produktgruppen, Produkte oder einzelne Leistungen aus dem örtlichen Produktplan, die für die jeweilige Kommune von besonderer politischer und/oder finanzieller Bedeutung sind (vgl. § 61 Nr. 37 GemHVO). Sie dienen der Umsetzung und Konkretisierung der strategischen Ziele.

Der **Leistungscluster C** beinhaltet die Produktgruppen mit den nied-rigsten Zieldeckungsbeiträgen und sollte aus min. fünf Produktgrup-pen (bzw. zehn Produkten) bestehen. Durch die spätere Senkung der Leistungsstandards entstehen hier zusätzliche finanzielle Res-sourcen.[64]

Der **Leistungscluster B** ergibt sich aus den restlichen Produktgrup-pen.

Die Ergebnisse aus beiden Gemeinden können den Anlagen 6 und 7 entnommen werden.

2.5.4 Potenziale für die Haushaltskonsoli-dierung

Bislang war der Fokus ausschließlich auf einer wirkungsorientierten Steuerung gelegen. Mit der Definition des Leistungsclusters C wer-den zugleich erste Einsparpotenziale sichtbar.

Aufgrund der niedrigen Wirkungsbeiträge und des daraus resultie-renden, niedrigen Zieldeckungsbeitrags sind die Produkte dieser Produktgruppen erste Kandidaten für eine umfassende Produktkri-tik[65] im Sinne der KGSt. Dabei lassen sich die zentralen Fragen[66] der Produktkritik bereits zu diesem Zeitpunkt fast vollständig beantwor-ten:

---

[64] Abhängig vom Disponibilitätsgrad der Produktgruppen im Leistungscluster C und den verfügbaren Kapazitäten ist auch hier die Anzahl der Produktgruppen entspre-chend anzupassen.

[65] Siehe KGSt-Bericht 2/2005.

[66] Siehe KGSt-Bericht 2/2005, S. 12. Hier in vier Fragenblöcke gegliedert.

1. **„Was trägt jedes Produkt dazu bei, die strategischen Ziele zu erreichen?"**

Diese Frage lässt sich mit einem Blick auf die Zieldeckungsbeiträge aus der Bewertungsmatrix beantworten. Je höher dieser ist, desto mehr trägt das Produkt bzw. die Produktgruppe zur strategischen Zielerreichung bei.

2. **„Haben wir im Sinne der vorgenannten Frage die Ressourcen richtig eingesetzt?" und „Können wir alle Leistungen noch anbieten? Auf welche sollten wir verzichten? Wo können wir Standards reduzieren?"**

Sollten sich im Leistungscluster C Produkte mit freiwillig übernommenen Aufgaben im Sinne der Gemeindeordnung (GemO) befinden, ist die erste Frage (rational betrachtet) mit einem „Nein" zu beantworten. Auf diese Produkte ist aus strategischen und wirtschaftlichen Gesichtspunkten zu verzichten. Bei Pflichtaufgaben sollten die Leistungsstandards reduziert werden. Allerdings bedeutet die Senkung von Standards bzw. Streichung von Leistungen nicht, dass diese Leistungen unwichtig sind und in der Gemeinde nicht weiterhin im bisherigen Umfang erbracht werden können.[67] Ergänzend oder optional wäre die Erhöhung des Kostendeckungsgrades ebenso zielführend.[68]

---

[67] Siehe auch Antwort auf Fragenblock 4.

[68] Dies bietet sich insbesondere bei Pflichtaufgaben an (z. B. Friedhofs- und Bestattungswesen), bei denen die Senkung von Standards oder die Streichung von Leistungen nicht möglich ist. Indem der Zuschussbedarf sinkt und die finanziellen Mittel an anderen Stellen zur Verfügung stehen, wird der Ressourceneinsatz optimiert. Des Weiteren kommt ebenso eine Kooperation mit privaten Unternehmen in Frage (so arbeitet die Gemeinde Willstätt beispielsweise im Rahmen der Kulturpflege über Sponsoringverträge mit örtlichen Unternehmen zusammen).

3. *„Sind die existierenden Leistungen die richtigen Produkte, um unsere Ergebnis-*[69] *und Wirkungsziele zu erreichen? Gibt es andere Produkte, die dies besser könnten? Müssen wir ganz neue Produkte anbieten?"*

Die Frage nach den richtigen Produkten wurde bereits über die Definierung des Leistungsclusters A beantwortet. Die Frage ob es hingegen bessere, ggf. neue Produkte gibt, muss an dieser Stelle offenbleiben.

4. *„Erstellen wir Produkte in der richtigen Qualität? Müssen und können wir sie gemeinsam mit anderen Kommunen besser erstellen? Sind gar andere Institutionen die besseren Produkt-Ersteller?"*

Diese Frage hat sich in Bezug auf die Produkte mit freiwilligen Aufgaben im Leistungscluster C bereits grundsätzlich erledigt.[70] Sollte sich der Gemeinderat jedoch nicht zu dem o. g. rationalen „Nein" entscheiden (können), muss ersatzweise eine Ausgliederung der Leistung (ggf. an private Unternehmen) oder eine interkommunale Zusammenarbeit (IKZ) in Betracht gezogen werden. Dies kommt ebenso für Produkte mit Pflichtaufgaben in Frage.

Parallel zur WBA veranlasste die Gemeinde Waldbronn die Durchführung einer Finanzanalyse. Aufgrund der Ergebnisse dieser beiden Analysen hat der Gemeinderat, nach rechtlicher Beratung durch die Verwaltung, in seiner Sitzung vom 22. November 2017 folgende Maßnahmen beschlossen (auszugsweise)[71]:

---

[69] Der Begriff „Ergebnisziele" ist hier synonym zu Leistungszielen zu verstehen.

[70] Siehe Antwort auf Fragenblock 1.

[71] Vollständige Darstellung der Beschlüsse kann dem Bürgerinformationssystem der Gemeinde Waldbronn entnommen werden (https://waldbronn.more-rubin1.de/).

1. Schließung der Gemeindebücherei zum 28. Februar 2019

2. Schließung der Musikschule zum 31. Oktober 2019

3. Schließung der Grundbucheinsichtsstelle zum 30. Juni 2018

4. Schließung des Radiomuseums zum 31. Dezember 2018

5. Der Eistreff wird vorerst weiterbetrieben

Auffallend bei den beschlossenen Maßnahmen ist, dass der defizitäre Eistreff, welcher einen Zieldeckungsbeitrag von 97 Punkten[72] aufweist, den Einsparmaßnahmen nicht zum Opfer fiel.

2.6 Phase 3 – „Wie müssen wir es tun?"

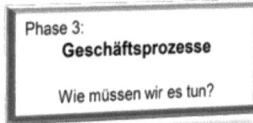

In dieser Phase sind die Produktgruppen mit ihren einzelnen Leistungen und deren Prozesse seitens der Verwaltung an den strategischen Wirkungs- und Leistungszielen auszurichten und zu optimieren. Freiwerdende Ressourcen aus den Produktgruppen des Leistungsclusters C können dabei zur Erhöhung der Standards im Cluster A verwendet werden oder dienen, je nach Bedarf, dem Ziel des Haushaltsausgleichs.

---

[72] Siehe Anlage 7.

2.6.1 Der Übergang von Phase 2 zu Phase 3

Bevor es jedoch zu einer Überarbeitung der Leistungsstandards kommt, muss ein Auftrag an die Verwaltung erfolgen. Dieser Zwischenschritt stellte sich in der Praxis als tendenziell schwierig dar. Neigt ein Gemeinderat bisher dazu, nicht nur auf strategischer, sondern zugleich auf operativer Ebene zu agieren (d. h. er gibt in Teilen also auch das „Wie" vor), bringt dies zweierlei Problemstellungen mit sich. Zum einen bedarf es zur genauen Prozessgestaltung i. d. R. umfassender und detailreicher Planungen und dem entsprechenden Fachwissen. Zum anderen sind die Mitarbeiter der Verwaltung bereits an zahlreiche rechtliche Vorgaben gebunden. In Kombination besteht dabei kaum noch Platz zur Ausgestaltung durch die Verwaltung bzw. deren Sachbearbeiter.

Ein nicht zu unterschätzender Vorteil der wirkungsorientierten Steuerung ist, dass die Wirkungsziele, über Leistungsziele bis auf die Ebene der Maßnahmen und Aufgaben heruntergebrochen werden. Dies ermöglicht dem einzelnen Mitarbeiter seine tägliche Arbeit mit konkreten Zielen der Verwaltungsspitze und der Politik zu verknüpfen und trägt somit zur Motivation und damit letztendlich auch zu einer effizienten Arbeitsweise bis hin zur Zufriedenheit der Bürger bei.[73] In diesem Sinne sollte es also im Interesse eines Gemeinderates sein, den Mitarbeitern der Verwaltung den verbleibenden Handlungs- und Entscheidungsspielraum zu überlassen.

Als Unterstützung für die Verwaltung ist es aber dennoch Aufgabe des Gemeinderats, grundsätzlich festzulegen, ob freiwillige Aufgaben aus dem Leistungscluster C zukünftig überhaupt noch erbracht werden sollen. Mit dieser Vorgabe und dem Grundsatz der sparsamen und wirtschaftlichen Haushaltsführung[74] ist dann in die Phasen 3 und 4 überzugehen.

---

[73] Siehe Weibler 2016, S. 409 ff.

[74] § 77 Abs. 2 GemO BW.

Der Gemeinderat in Willstätt folgte dieser Empfehlung und übergab die Ergebnisse der WBA der Verwaltung mit dem Auftrag, im Rahmen der anstehenden Haushaltsplanberatungen Konzepte zur Überarbeitung der Leistungsstandards für die Cluster A und C zu erstellen.

2.6.2 Produkt- und Prozess-Redesign

Sowohl die Management-, als auch die Supportprozesse sind soweit wie möglich in dieses Produkt- bzw. Prozess-Redesign mit einzubeziehen, also in Bezug auf die Schlüsselpositionen (langfristig in Bezug auf sämtliche Geschäftsprozesse) und nicht einzeln betrachtet, zu optimieren. Mit der konsequenten Umsetzung dieser Vorgehensweise ist sichergestellt, dass der Fokus auf den Schlüsselpositionen bleibt und nicht auf eine simple Umstrukturierung der Verwaltungsorganisation abdriftet. Aus der mittel- und langfristig zwangsläufig notwendigen Optimierung der Management- und Supportprozesse dürften sich so weitere, wiederverfügbare Ressourcen ergeben.

Ungeachtet dessen ist bei diesen Umgestaltungsprozessen von Beginn an zu beachten, dass die Umsetzung einer wirkungsorientierten Haushaltskonsolidierung nicht auf der sog. „grünen Wiese" vollzogen werden kann. Vielmehr gibt es die unterschiedlichsten Geschehnisse in der Vergangenheit, die aktuell noch Auswirkungen haben und auch weiterhin haben werden.

> „Planung ersetzt Zufall durch Irrtum."
>
> Albert Einstein

In der Gemeinde Waldbronn basierte die angestrebte Haushaltskonsolidierung auf finanziellen Entscheidungen der letzten Jahrzehnte, wodurch weitere Kreditgenehmigungen unsicher wurden. Durch die absehbare Entwicklung hat der Gemeinderat in den letzten Jahren bereits einzelne Maßnahmen beschlossen, welche nur schwer revidierbar gewesen wären. Inwiefern vollzogene Maßnahmen oder laufende Projekte rückgängig gemacht bzw. beendet werden, sollte dabei stets unter wirtschaftlichen Aspekten entschieden werden. Zugleich zeigte sich in beiden Gemeinden aber auch, dass sich laufende Maßnahmen und Projekte größtenteils mit den Ergebnissen der WBA und den angestrebten strategischen Zielen in Einklang bringen lassen.[75]

2.7 Phase 4 – „Was müssen wir dafür einsetzen?"

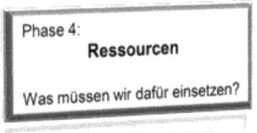

Die vierte Phase wird nicht gänzlich am Ende des gesamten Projektes stehen können. Vielmehr wird sie im Wechselspiel mit der Phase 3 stattfinden. Anhand der Konzipierung neuer Leistungsstandards und neuer Prozessabläufe werden die jeweils notwendigen Ressourcen mit in den Fokus der Betrachtung rücken. Aufgabe der Verwaltung ist es, nicht nur Verbesserungsvorschläge zu einzelnen Leistungen und Prozessen zu machen, sondern auch deren Ressourcenverbrauch zu beziffern. Gleichzeitig ist dies nach der hier vertretenen Auffassung ebenfalls der richtige Zeitpunkt, eine Finanzanalyse des bisherigen Haushaltes einfließen zu lassen. Hierdurch können die Änderungen, die sich durch die Neugestaltung ergeben sollen, ebenso auf finanzieller Ebene betrachtet werden.

---

[75] Eine Ausnahme stellt hier beispielsweise die bereits anvisierte Nutzungsausweitung der Mediathek in Willstätt dar. Die Produktgruppe 27.20 „Mediathek" landete mit einem Zieldeckungsbeitrag von 275 Punkten deutlich im unteren Teil des Leistungsclusters B. Hier sollte die Gemeinde im Sinne ihrer Gesamtstrategie die Leistungsstandards vorerst beibehalten.

35

In Waldbronn zeigte sich bei den Vorberatungen für die Gemeinderatssitzung vom 22. November 2017, dass insbesondere durch die Ergebnisse der Finanzanalyse in Kombination mit der Vorgabe ein Konsolidierungskonzept vorzulegen, die Betrachtung der Finanzseite bereits in den strategischen Phasen (1, 2a und 2b) zunehmend an Bedeutung gewann.

Um ein solches Abdriften von der Leistungsseite zu diesem Zeitpunkt zu vermeiden, ist ein sich ständig wiederholendes Durchlaufen der einzelnen Phasen in umgekehrter Reihenfolge mit folgenden Fragestellungen empfehlenswert:

> **Warum setzen wir die Ressourcen R ein?**

Weil wir die Prozesse P (auf diese Art und Weise) durchführen müssen.

> **Warum müssen wir diese Prozesse (auf diese Art und Weise) durchführen?**

Weil wir das Produkt Pr/die Leistung L mit einem bestimmten Standard erstellen/erbringen müssen.

> **Warum müssen wir diese/s Produkt/Leistung mit einem bestimmten Standard erstellen/erbringen?**

Weil wir damit etwas für unser Leistungsziel Lz tun.

> **Warum müssen wir etwas für dieses Leistungsziel tun?**

Weil dies die Wirkung W auf die Bürger hat.

> **Warum möchten wir diese Wirkung erreichen?**

Weil wir damit den Bedarf B der Bürger decken.

Die Forderung der Rechtsaufsichtsbehörde im Rahmen des Konsolidierungskonzeptes konkrete Einsparpotenziale zu benennen, wurde (versehentlich) immer wieder als Leistungsziel definiert. Beim Durchlaufen der obigen Fragekette ergab sich somit beispielsweise das Ergebnis, dass man finanzielle Mittel (R) für Prozesse (P) zur Erstellung der Produkte Gemeindebücherei und Musikschule (Pr) einsetzt, um eben diese finanziellen Mittel einzusparen (Lz).

Dieser Logikbruch verdeutlicht, dass es zu einem früheren Zeitpunkt noch keine direkte Verzahnung mit der Finanzseite geben darf. Für die Gemeinde Willstätt wurde die Durchführung einer Finanzanalyse daher erst für die Phase 4 empfohlen.

Kapitel 3

3.1 Umsetzung im operativen Ablauf

Nachdem die Leistungscluster durch den Gemeinderat definiert wurden, sind die Produktgruppen des Leistungsclusters C sukzessive schmaler und effizienter zu gestalten, um somit finanzielle Ressourcen verfügbar zu machen.[76]

In Waldbronn wurde dieser Schritt durch die Beschlüsse des Gemeinderats in Teilen bereits vollzogen. Des Weiteren sind die Prozesse der Produktgruppen des Leistungsclusters B auf ihre Wirtschaftlichkeit hin zu überprüfen. Für jene im Leistungscluster A gilt es, Konzepte auszuarbeiten, um einen qualitativen Mehrwert zu erzeugen. Hierbei ist jedoch das Pareto-Prinzip[77] zu beachten. Bevor man sich demnach in zu vielen Details verliert, gilt es zu überlegen, welcher zusätzliche Nutzen mit wie viel zusätzlichem Aufwand erzielt werden kann. Dies erfordert neben der Maßnahmenplanung auch eine Möglichkeit zur Überwachung und Steuerung der damit verfolgten Ziele, sowohl im strategischen, als auch im operativen Bereich.

---

[76] Dies schließt neben der Senkung von Leistungsstandards oder der Streichung von Leistungen, auch das Anstreben von interkommunaler Zusammenarbeit, die Erhöhung des Kostendeckungsgrades oder die Kooperation mit privaten Unternehmen ein (siehe hierzu auch Abschnitt 2.5.4 Potenziale zur Haushaltskonsolidierung).

[77] Vgl. hierzu Vahs 2015, S. 464.

3.1.1 Implementierung von strategischem und operativem Controlling

„Bei „strategischen" Fragestellungen schwingt immer auch die Frage nach der operativen Machbarkeit mit. Umgekehrt erhalten „operative" Fragestellungen ihren Sinn erst im Lichte einer Strategie." [78]

Wie in Abschnitt 2.1 bereits erwähnt, geht es beim strategischen Controlling um die Frage, ob die richtigen Dinge getan werden. Da die Antwort auf diese Frage von der aktuellen Situation und der Umwelt abhängt, ist sie ebenso dynamisch wie diese. Folglich ist es erforderlich, sich diese Frage in regelmäßigen Abständen erneut zu stellen, die bisherigen Antworten zu überdenken und nach Bedarf anzupassen. Aber selbst in einem statischen Umfeld besteht die Möglichkeit, dass die bisherige Strategie nicht den gewünschten Erfolg mit sich bringt. Neben der Reflektion der bisherigen Antworten, ist es daher unerlässlich, die erzeugte Wirkung zu überprüfen. Es stellen sich somit insbesondere die Fragen:

- Wurde die geplante (gewünschte) Wirkung erzielt?

- War die zu Grunde gelegte Leistung[79] die Ursache für die erzielte Wirkung?

Hierbei sind unterschiedlichste Ergebnisse möglich. Ein strategisches Controlling bietet Hilfestellung bei der Beantwortung dieser

---

[78] Zitiert aus Horváth, Gleich und Seiter 2015, S. 108.

[79] Leistung auch im Sinne von Produkt, Produktgruppe oder dergleichen.

und weiterer Fragen und bei einer ggf. erforderlichen (Gegen-)Steu-
erung.

Sofern die richtigen Dinge getan werden, besteht noch die Frage, ob
die Dinge auch richtig gemacht werden. Im Gegensatz zum strategischen Ansatz, geht es bei dieser operativen Sichtweise um größtenteils interne Prozessabläufe. Dies ist letztendlich der gleiche Ansatz-
punkt wie bei der Überarbeitung der Produkte und Produktgruppen
des Leistungsclusters C.

Zusammenfassend lässt sich daher sagen, dass sowohl ein strategisches, als auch operatives Controlling für eine wirkungsorientierte
Steuerung und somit auch eine wirkungsorientierte Haushaltskonsolidierung unverzichtbar sind. Das Landratsamt Ortenaukreis
nimmt sich dieser Aufgaben zum aktuellen Zeitpunkt bereits teil-
weise an, indem es Stellenanteile für ein zentrales und dezentrales
operatives Controlling implementiert hat. Inwiefern ein strategisches Controlling Einzug halten wird, ist aktuell fraglich.

C-Typen Merkmale	Strategisches Controlling	Operatives Controlling
Orientierung	Umwelt und Unternehmung: Adaption	Verwaltung: Wirtschaftlichkeit interner Prozesse
Planungsstufe	Strategische Planung	Taktische und operative Planung, Budgetierung
Dimensionen	Chancen / Risiken, Stärken / Schwächen	Aufwand / Ertrag, Kosten / Leistungen
Zielgrößen	Bedarfsdeckung, Zufriedenheit der Bürger, stetige Aufgabenerfüllung	Wirtschaftlichkeit, Sparsamkeit, Haushaltausgleich

Abbildung 8 – Strategisches und operatives Controlling [80]

[80] Quelle: Horváth, Gleich und Seiter 2015, S. 109; inhaltlich und grafisch überarbeitet.

Bei den Gemeinden Willstätt und Waldbronn hingegen sind derartige Stellen aktuell nicht vorhanden. Zwar ist die Personalausstattung in beiden Rechnungsämtern noch relativ gut, dennoch ist ein umfassendes Controlling laut der Rückmeldung der beiden Rechnungsamtsleiter nicht möglich. Vielmehr obliegt ihnen selbst die Aufgabe eines zentralen operativen Controllers, wohingegen die jeweiligen Budgetverantwortlichen diese Aufgabe auf dezentraler Ebene erfüllen. Dabei beschränkt sich das Controlling aber überwiegend auf die Finanzseite, da hier die notwendigen Kennzahlen in Form von Haushaltsansätzen vorliegen. In den kommenden Jahren ist folglich ein Konzept zu finden, wie sowohl das strategische, als auch das operative Controlling auf der Leistungs- und der Finanzseite Einzug halten kann. Eine Chance bietet hier durchaus die bisher beschriebene Herangehensweise. Da die Management- und Supportprozesse sowie die dazugehörigen Produktgruppen aus der Bewertung außen vorgelassen wurden, wäre es im Rahmen der Überarbeitung der Geschäftsprozesse durchaus denkbar, die notwendigen Stellenanteile zu „generieren". Hilfreich hierbei könnte sicherlich auch eine Kosten-Nutzen-Analyse sein.

Eine einfache und schnelle Umsetzung eines strategischen Controllings lässt sich hingegen mit Hilfe der Gemeinderatsvorlagen erzielen. So hat sich z. B. die Stadt Offenburg zum Ziel gesetzt, dass allen Gemeinderatsvorlagen das jeweils betroffene strategische Ziel zugeordnet wird.[81] Insoweit liegt die Aufgabe des strategischen Controllers damit in Teilen beim Gemeinderat, welcher bei seinen Beschlüssen darauf zu achten hat, dass die zu beschließende Maßnahme auch zur Erreichung des strategischen Ziels beiträgt.

---

[81] Siehe hierzu „Beschlussvorlage 024/18 vom 20. Februar 2018", abzurufen unter http://ratsinfo.offenburg.de/buergerinfo/to0040.php?__ksinr=970

3.1.2 Der Steuerungskreislauf

Wie das Zusammenspiel von strategischem und operativem Controlling aussehen kann, zeigt ein Entwurf des Landratsamts Ortenaukreis.

Hier wurde bereits vor einigen Jahren damit begonnen, die Output-orientierte Steuerung schrittweise einzuführen. Für den neuen Doppelhaushalt 2019/2020 steht der Ausbau zu einer wirkungsorientierten Steuerung auf der Agenda. Zwar ist das Vorgehen des Landratsamtes Ortenaukreis grundsätzlich verschieden zu der hier beschriebenen Vorgehensweise, jedoch führt dieser Weg ebenfalls zu dem Ergebnis, dass es letztendlich eines strategischen und operativen Controllings bedarf. Der Entwurf des in der Abbildung 9 gezeigten Steuerungskreislaufes lässt sich somit in gleicher Weise für andere Kommunen, welche wirkungsorientiert steuern möchten, verwenden.

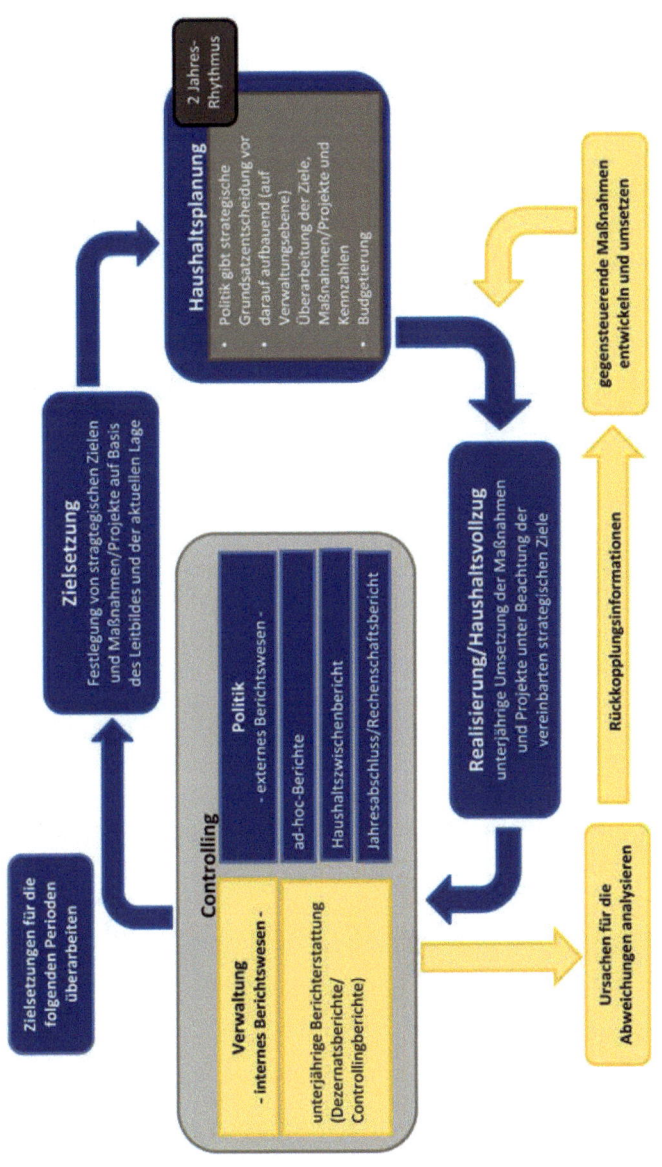

Abbildung 9 – Steuerungskreislauf Ortenaukreis (Entwurf) [82]

3.1.3 Das Kehler Management-System©[83]

Sobald die strategischen Rahmenbedingungen vom Gemeinderat festgelegt wurden, muss die explizite Umsetzung auf operativer Ebene erfolgen, was Aufgabe der Verwaltung ist. Hier können die einzelnen Prozesse, die zur Leistungserstellung notwendig sind, detailliert betrachtet und Anpassungen[84] vorgenommen werden. Dies erfordert eine vertrauensvolle Zusammenarbeit von Politik und Verwaltung.

Im Rahmen der Neu-/Umgestaltung werden neben den verschiedenen Geschäftsprozessen auch die Management- und Supportprozesse auf den Prüfstand zu stellen sein. So befindet sich bei der Gemeinde Willstätt beispielsweise das Produkt 21.10.10 „Gemeinschaftsschule" mit einem Zieldeckungsbeitrag von 423 Punkten im Leistungscluster A.[85] Die strategische Vorgabe des Gemeinderates lautet daher, die Leistungsstandards bei diesem Produkt auszubauen, also eine Qualitätsverbesserung und somit eine höhere Bürgerzufriedenheit zu erreichen. Um diese Vorgabe erfüllen zu können, ist neben der Optimierung der einzelnen Geschäftsprozesse eventuell eine Anpassung der benötigten Management- und Supportprozesse notwendig. So wird sich in dem genannten Beispiel voraussichtlich ein zusätzlicher Personalbedarf für den Betrieb einer geplanten Schulmensa ergeben. Darüber hinaus sind EDV-technische Lösungen und ein entsprechendes Controlling der angebotenen Leistungen ebenso unumgänglich. Folglich werden neben dem

---

[83] Siehe Böhmer und Schwalb in: Böhmer/Kegelmann/Kientz 2016, Gruppe 4, S. 1412 ff.

[84] Abhängig vom Ausmaß der Anpassungen sind zunächst Konzepte seitens der Verwaltung zu erarbeiten, welche dem Gemeinderat zur finalen Umsetzungsentscheidung vorzulegen sind.

[85] Siehe Anlage 6.

reinen Finanzbereich auch beispielsweise der Personalbereich und die Führungsebene angesprochen.

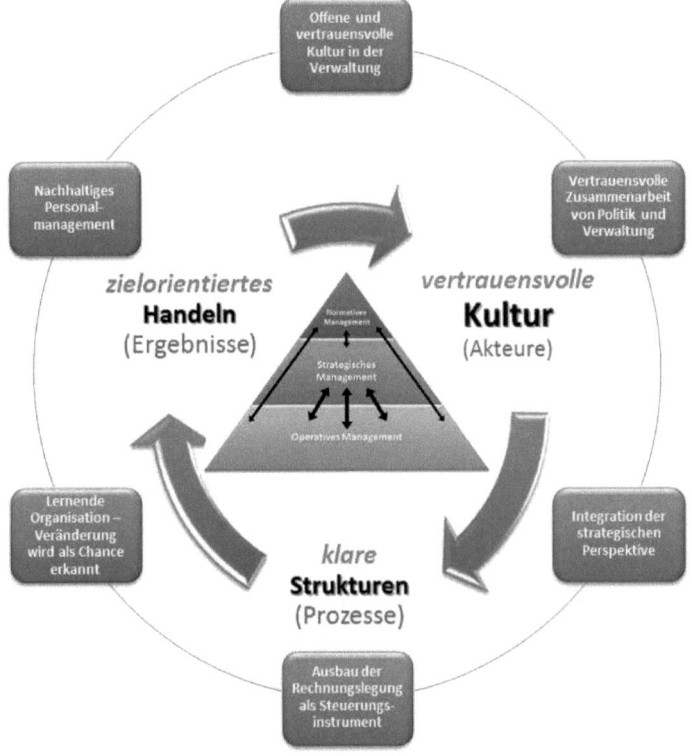

Abbildung 10 – Das Kehler Management-System© [86]

---

[86] Quelle: Böhmer und Kientz in: Böhmer/Kegelmann/Kientz 2016, Gruppe 4, S. 814.

An diesem kurzen Beispiel wird ersichtlich, dass durch die Änderungen in einem Bereich mehrere andere Bereiche betroffen sein werden.

Ziel ist es, die einzelnen Bereiche wie Puzzleteile miteinander zu verbinden, um schlussendlich das gewünschte strategische Ziel abzubilden. Das Kehler Management-System© (KMS) bildet diese verschiedenen Bereiche in sechs sogenannten Erfolgsclustern ab (siehe Abb. 10). Jene setzen sich wiederum aus diversen Erfolgsfaktoren zusammen.

Die Erfolgscluster des KMS [87]

Vertrauensvolle Zusammenarbeit zwischen Politik und Verwaltung

Die Erfüllung dieser Erfolgsfaktoren wird im Wesentlichen an den Schnittstellen von strategischer Vorgabe und operativer Umsetzung sichtbar.

Offene und vertrauensvolle Kultur in der Verwaltung

Hier sind insbesondere die Führungskräfte gefordert, da die strategischen Rahmenbedingungen in operative Maßgaben „übersetzt" werden müssen. Gleichzeitig sind die operativen Ansprüche, die sich daraus ergeben, an die strategischen Entscheider weiterzuleiten.

Ausbau der Rechnungslegung als Steuerungsinstrument

---

[87] Siehe Böhmer und Kientz in: Böhmer/Kegelmann/Kientz 2016, Gruppe 4, S. 810 ff.

Wie bereits erwähnt, sind ein strategisches und operatives Controlling mit einem entsprechenden Berichtswesen Grundvoraussetzungen für eine wirkungsorientierte Steuerung.

Lernende Organisation – Veränderung wird als Chance erkannt

Durch das in dieser Arbeit beschriebene Vorgehen werden sich zwangsläufig Veränderungen in diversen Bereichen ergeben (müssen). Aber auch in den Folgejahren werden durch ein dynamisches Umfeld ständige Anpassungen notwendig sein. Alle Beteiligten müssen solchen Veränderungen offen gegenüberstehen, um einen kontinuierlichen Verbesserungsprozess aufrecht erhalten zu können.

Nachhaltiges Personalmanagement

Die (sich ständig ändernden) Aufgaben und Herausforderungen, welche eine strategische Steuerung mit sich bringen, erfordern ein nachhaltiges Personalmanagement, um diese in quantitativer und qualitativer Hinsicht bewältigen zu können.

Integration der strategischen Perspektive

Letztendlich kann eine wirkungsorientierte Haushaltskonsolidierung zur Integration einer strategischen Steuerung beitragen, da diese die Leistungsseite mit der Finanzseite verknüpft und die stetige Interdependenz beider Seiten wirkungsvoll genutzt wird.

3.1.3.1 Wirkungsorientierte Haushaltskonsolidierung als Ausgangspunkt

Insbesondere der zuletzt genannte Erfolgscluster – die Integration einer strategischen Steuerung – bringt einige Schwierigkeiten mit sich. Hinter dem Ansatz einer strategischen Steuerung steht stets auch die Frage nach deren Finanzierung. Hierzu sei beispielsweise wieder einmal die Implementierung eines strategischen und operativen Controllings genannt. Die dafür erforderliche quantitative und qualitative Personal- und EDV-Ausstattung benötigt letztendlich finanzielle Ressourcen. Eine wirkungsorientierte Haushaltskonsolidierung, mit der in dieser Arbeit beschriebenen Vorgehensweise, führt dazu, dass im Leistungscluster C zunächst finanzielle Mittel verfügbar werden. Diese können anschließend (entsprechend der strategischen Ausrichtung) wirkungsorientiert eingesetzt, also beispielsweise in die benötigte Personal- und EDV-Ausstattung investiert werden. Gleichzeitig wird durch eine Minimierung der Leistungsstandards oder gar einem Wegfall einzelner Leistungen die Erreichung der strategischen Ziele nicht gefährdet. Ein Indikator hierfür ist der verhältnismäßig niedrige Zieldeckungsbeitrag der Produktgruppen im Leistungscluster C. Sollte sich im späteren Verlauf herausstellen, dass durch die Senkung von Leistungsstandards oder deren Wegfall die Erreichung strategischer Ziele gefährdet wird oder gar misslingt, kann eine fehlerhaft aufgestellte Ursache-Wirkungs-Kette Auslöser hierfür gewesen sein. Dies verdeutlicht aber einmal mehr die Wichtigkeit eines strategischen Controllings.

Die weiteren Erfolgscluster des KMS werden bei dieser Vorgehensweise praktisch automatisch betroffen sein. Auf der anderen Seite ist wiederum eine vertrauensvolle Zusammenarbeit zwischen Politik und Verwaltung ebenso eine grundlegende Prämisse, wie eine offene und vertrauensvolle Kultur innerhalb der Verwaltung. Sollten hieran Zweifel bestehen, könnten mittels des Diagnostic-Tools[88] des KMS Schwächen identifiziert und gezielt angegangen werden. Im weiteren Verlauf kann dann die Neuausrichtung mittels einer strategischen Steuerung dazu beitragen, in diesen beiden Erfolgsclustern Verbesserungen zu erreichen.

3.1.3.2 Implementierung des Kehler Management-Systems©

Die Implementierung des KMS ist somit ein (möglicher) weiterer Schritt zu einer ganzheitlichen Steuerung. Schließlich kann die hier beschriebene wirkungsorientierte Haushaltskonsolidierung als ein Instrument zur Integration einer strategischen Perspektive und unter den o. g. Voraussetzungen als Ausgangspunkt für eine ganzheitliche Neuausrichtung genutzt werden.

3.2 Überblick

Abhängig von den Ergebnissen der Auswertung des Diagnostic-Tools, insbesondere in den Erfolgsclustern „Vertrauensvolle Zusammenarbeit zwischen Politik und Verwaltung" und „Offene und vertrauensvolle Kultur in der Verwaltung"[89], können im Folgenden beispielsweise mittels einer Strategieklausur ein Leitbild und strategische Ziele er- bzw. überarbeitet werden. Hierauf aufbauend verbindet eine wirkungsorientierte Haushaltskonsolidierung mittels einer

---

[88] Das Diagnostic-Tool ist ein Instrument, mit dem gemessen wird, inwiefern einzelne Erfolgsfaktoren innerhalb der einzelnen Erfolgscluster vorhanden sind und basiert auf einem Fragebogen und einem komplexen Bewertungssystem der Antworten.

[89] Auch wenn die Erfolgsfaktoren in den beiden genannten Erfolgsclustern augenscheinlich im Wesentlichen erfüllt sind, ist die Nutzung des Diagnostic-Tools dennoch zu empfehlen, da sich durch den Vergleich mehrerer Auswertungen Rückschlüsse auf die Wirkungen einzelner Maßnahmen ziehen lassen.

Wirkungsbeitragsanalyse die Leistungsseite mit der Finanzseite. Der Fokus auf die wirkungsstärksten Produktgruppen erleichtert den Ausbau eines umfassenden Berichtswesens. Und die „neuverfügbaren" Ressourcen wirken unterstützend bei einem Change-Management, einem nachhaltigen Personalmanagement und dem Aufbau eines umfassenden Controllings.

Abbildung 11 – Zusammenspiel von KMS und wirkungsorientierter
Haushaltskonsolidierung [90]

Kapitel 4

4.1 Ergebnisse

Wirkungsorientierte Haushaltskonsolidierung beginnt mit strategischer Steuerung. Aufgabe der Politik ist es, sich am Bedarf der Bürger zu orientieren und neben Leitbildern oder Ähnlichem, strategische Ziele zu formulieren. Nachdem die Fragen „Was wollen wir erreichen?" und „Was müssen wir dafür tun?" beantwortet sind, können mit Hilfe der beschriebenen Wirkungsbeitragsanalyse die benötigten, „richtigen" Produkte bzw. Produktgruppen identifiziert werden. Nach Bedarf empfiehlt sich hierbei eine Unterstützung durch die Verwaltung in beratender Funktion. Ein Konsolidierungspotenzial ergibt sich daraufhin denklogisch und praktisch automatisch aus der Definition des Leistungsclusters C. Anschließend ist es Aufgabe der Verwaltung, Maßnahmen, Konzepte und Vorschläge zur Überarbeitung der Leistungsstandards zu entwerfen und den entsprechenden Finanzbedarf im Detail zu ermitteln.

Inwieweit Leistungsstandards gesenkt oder ausgebaut werden, entscheidet letztendlich wieder der Gemeinderat. Sofern Änderungen an den Verwaltungsvorschlägen gewünscht sind, können diese präzise formuliert und an die Verwaltung zurückgemeldet werden. Der Gemeinderat behält so stets seine Entscheidungskompetenz. Auf der anderen Seite erhält die Verwaltung Gelegenheit, ihre Erfahrung und Fachkompetenz in den Gestaltungsprozess einzubringen.

---

[90] Quelle: Eigene Darstellung.

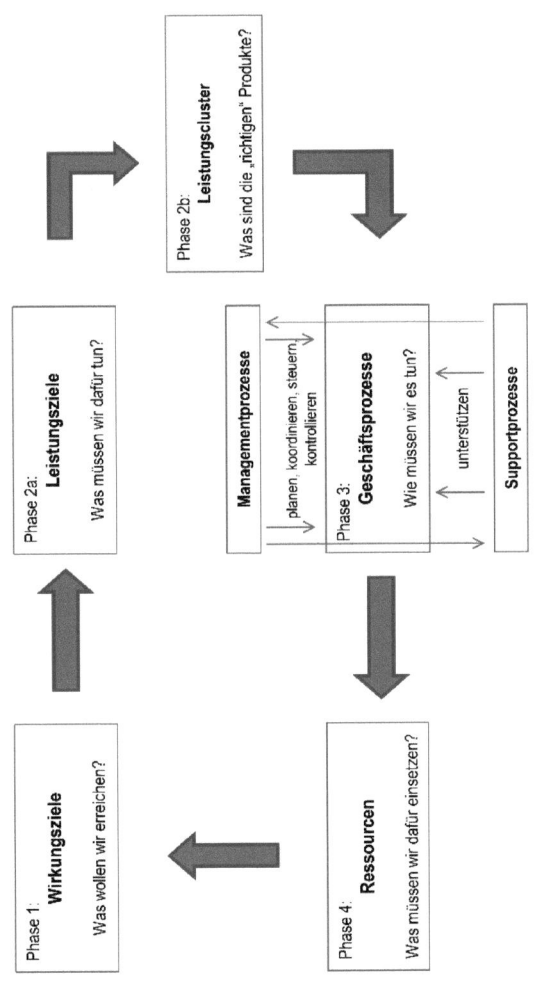

Abbildung 12 – Ablauf einer wirkungsorientierten
Haushaltskonsolidierung [91]

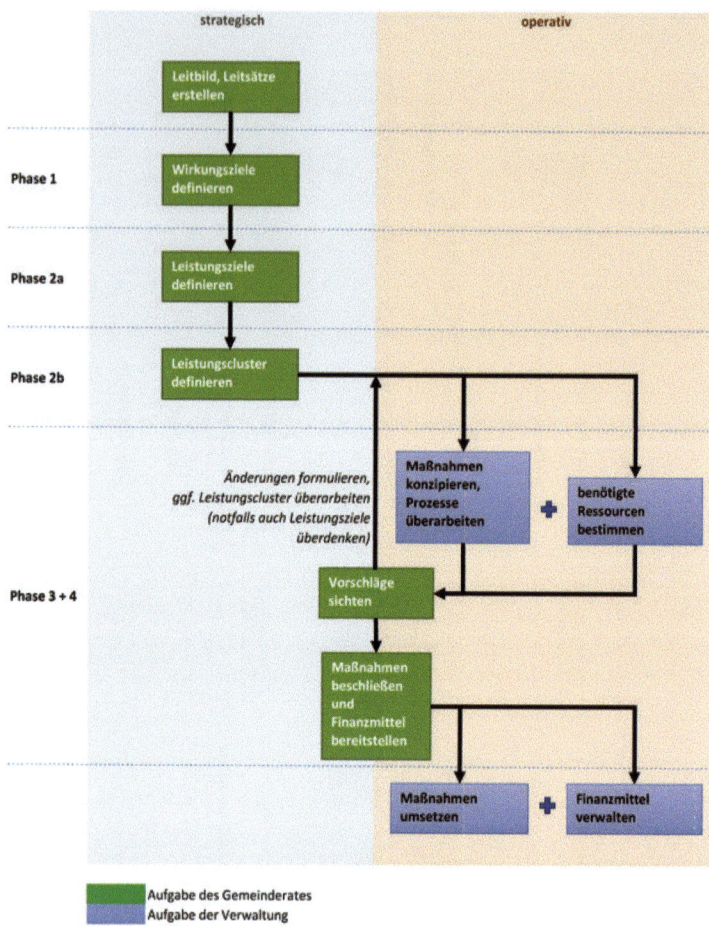

Abbildung 13 – Ablauf auf strategischer und operativer Ebene [92]

---

[91] Quelle: Eigene Darstellung in Anlehnung an KGSt-Bericht 3/2005, S. 23.

[92] Quelle: Eigene Darstellung.

Abbildung 13 veranschaulicht in vereinfachter Weise den Ablauf auf strategischer und operativer Ebene. Deutlich wird hierbei nochmals, dass insbesondere die Phasen 3 und 4 durch eine enge Zusammenarbeit von Politik und Verwaltung geprägt sind. Zuerst eine Trennung des strategischen „Was?" und operativen „Wie?" vorzunehmen, um beides anschließend wieder zu verzahnen, erfordert eine vertrauensvolle Kultur und klare Strukturen. Inwieweit ggf. das Kehler Management-System© hierbei Unterstützung liefern kann, bleibt abzuwarten.

4.2 Zusammenfassung

Die beiden praktischen Beispiele machen deutlich, dass es sich bei einer wirkungsorientierten Haushaltskonsolidierung nicht um eine weitere Form der bisher oft praktizierten „Rasenmäher-Methode" handelt. Vielmehr werden Leistungen, Produkte oder sogar ganze Produktgruppen identifiziert, welche bisher im Leistungsportfolio der Gemeinde enthalten waren, jedoch kaum oder gar nicht zur strategischen Zielerreichung beigetragen haben. Durch die Senkung der Leistungsstandards werden Ressourcen freigesetzt, welche in anderen Bereichen eingesetzt werden können oder dem Haushaltsausgleich dienen. Eine derartige Konsolidierung und der dadurch effektive Einsatz von Finanzmitteln ist daher keineswegs negativ zu betrachten. Vielmehr stellt das beschriebene Vorgehen durchaus eine sehr gute Möglichkeit dar, den Haushalt auf eine wirkungsorientierte Weise zu konsolidieren.

Des Weiteren erwies sich die Wirkungsbeitragsanalyse auch bei unterschiedlichen Ausgangssituationen und Herangehensweisen als sehr flexibles Instrument, um von den strategischen Vorgaben der Politik, operative Maßnahmen für die Verwaltung abzuleiten. Zu beachten bleibt dennoch, dass ein gewisser roter Faden vorhanden sein muss. So ist ein normatives Ziel in Form eines Leitbildes oder von Leitsätzen unabdingbar. Ebenso bleibt eine „SMARTe"[93] Formulierung von Wirkungs- und Leistungszielen empfehlenswert, bevor es zur Festlegung von Leistungsclustern und Schlüsselpositionen kommt. Die Zuordnung von Indikatoren und Kennzahlen, sowie das strategische und operative Controlling werden wesentliche Erfolgsfaktoren für die weitere praktische Umsetzung sein.

Zugleich wurde deutlich, dass für den Erfolg einer wirkungsorientierten Haushaltkonsolidierung eine enge Zusammenarbeit von Gemeinderat, Verwaltung und Bürgern entscheidend ist. Auf dieser Basis getroffene Konsolidierungsmaßnahmen, seien es Einsparungen bei einzelnen Leistungen oder auch die Anpassung von Steuern, Gebühren und/oder Beiträgen, lassen sich nachvollziehbar und transparent begründen.

Neben der smarten Formulierung der einzelnen Ziele im Rahmen der wirkungsorientierten Haushaltskonsolidierung ist zu Beginn unbedingt zu beachten, dass eben diese Konsolidierung inklusive des strategischen Managements ein eigenes Ziel darstellt. Es sollten daher zu Beginn dieses Projektes klare Etappen, Aufgaben und Maßnahmen durch den Gemeinderat in Zusammenarbeit mit der Verwaltung und in Kooperation mit den Bürgern vereinbart werden. Diese tragen zur Verbindlichkeit des gesamten Projektes und somit zu einer zeitlich absehbaren Umsetzung der daraus entstehenden strategischen Ziele bei.

Eine Umsetzung der wirkungsorientierten Haushaltskonsolidierung, zeitgleich mit der Umstellung auf das Neue Kommunale Haushalts- und Rechnungswesen wäre zwar sinnvoll, ist aber aufgrund fehlender Kapazitäten innerhalb der Verwaltung kaum umsetzbar. Eine schrittweise Umsetzung erscheint daher als folgerichtig. Unbedingt zu beachten ist hierbei jedoch, dass strategische Ziele mit einem

---

[93] Ziele sollen nach den SMART-Kriterien (vgl. Doran 1981, S. 35 f.) formuliert werden. D. h. Ziele müssen specific, measureable, assignable, realistic und time-related sein.

Umsetzungshorizont von fünf Jahren nicht zu unerreichbaren Visionen werden. Dies würde nicht nur dem Ansehen und der Glaubwürdigkeit der Verwaltung und des Gemeinderates schaden, sondern sich auch negativ auf die Motivation aller Beteiligten auswirken.

Ferner stellt dieses Projekt dauerhafte Anforderungen an alle Beteiligten, da mit Erreichen einzelner strategischer Ziele (oder auch durch andere Einflüsse) immer wieder neue strategische Ziele entstehen bzw. umgesetzt werden müssen. Einmal begonnen ergibt sich somit ein kontinuierlicher Prozesskreislauf, welcher an die Haushaltsplanung gekoppelt, wesentlich zu einer stetigen, sparsamen und wirtschaftlichen Aufgabenerfüllung der Gemeinde beiträgt.

Literaturverzeichnis

Bleicher, Knut

> *Das Konzept Integriertes Management.* 9. aktualisierte
> und erweiterte Auflage. Herausgeber: Christian Abbeglen.
> Frankfurt; New York: Campus Verlag, 2017. Zitiert als
> Bleicher 2017.

Böhmer, Kegelmann und Kientz

> *Rechnungswesen und Controlling - Das
> Steuerungshandbuch für Kommunen.* Freiburg i. Br.:
> Haufe-Verlag, 2016. Zitiert als Böhmer/Kegelmann/Kientz
> 2016.

Bontrup, Heinz-J.

> *Volkswirtschaftslehre.* 2., unwesentlich veränderte
> Auflage. München: De Gruyter Oldenbourg, 2004. Zitiert
> als Bontrup 2004.

Doran, George T.

> *There's a S.M.A.R.T. way to write management's goals
> and objectives.*
> in Management Review (AMA Forum) 70, November 1981:
> S. 35-36. Zitiert als Doran 1981.

Hirsch, Bernhard

> *Controlling in öffentlichen Institutionen.* 1. Auflage. Bd.
> 69. Weinheim: Wiley-VCH, 2009. Zitiert als Hirsch 2009.

Horváth, Péter, Ronald Gleich und Mischa Seiter

> *Controlling.* 13., komplett überarbeitete Auflage.
> München: Franz Vahlen, 2015. Zitiert als Horbáth, Gleich
> und Seiter 2015.

Kommunale Gemeinschaftsstelle für Verwaltungsmanagement

Produkte auf dem Prüfstand - Die Verfahren zur Produktkritik. Köln, 2005. Zitiert als KGSt-Bericht 2/2005.

Produktkritik: In drei Schritten zur strategischen Steuerung. Köln, 2005. Zitiert als KGSt-Bericht 3/2005.

Das Kommunale Steuerungsmodell (KSM). Köln, 2015. Zitiert als KGSt-Bericht 3/2015.

Strategische Kommunalpolitik für die Haushaltsplanung der Stadt Leipzig. Köln, 2005. Zitiert als KGSt-Bericht 4/2005.

Strategische Haushaltkonsolidierung. Köln, 2014. Zitiert als KGST-Handbuch 21/2014.

Schmitt, Robert und Tilo Pfeifer

Qualitätsmanagement. 5., aktualisierte Auflage. München: Hanser, 2015. Zitiert als Schmitt und Pfeifer 2015.

Vahs, Dietmar

Organisation. 9., überarbeitete und erweiterte Auflage. Stuttgart, Germany: Schäffer-Poeschel Verlag, 2015. Zitiert als Vahs 2015.

Weibler, Jürgen

Personalführung. 3., komplett überarbeitete und erweiterte Auflage. München: Verlag Franz Vahlen, 2016.

Wöhe, Günter und Ulrich Döring

Einführung in die allgemeine Betriebswirtschaftslehre. 25., überarbeitete und aktualisierte Auflage. München:

Verlag Franz Vahlen, 2013. Zitiert als Wöhe und Döring
2013.

Zollondz, Hans-Dieter

Grundlagen Qualitätsmanagement. 3., überarb.,
aktualisierte und erw. Aufl. München: Oldenbourg, 2011.
Zitiert als Zollondz 2011.

Weitere Quellen, welche Einfluss auf diese Arbeit hatten, jedoch nicht zitiert wurden

Ade, Klaus

> **Kommunales Wirtschaftsrecht in Baden-Württemberg.**
>
> 8., neubearbeitete Auflage. Stuttgart: Boorberg, 2011.

Beck, Uwe, Roland Böhmer, Dieter Brettschneider, Horst Bernhardt, Klaus Mutschler und Christoph Stockel-Veltmann

> **Kommunales Finanzmanagement in Baden-Württemberg.**
>
> 2., vollständig überarbeitete Auflage. Witten: Verlag Bernhardt-Witten, 2016.

Gleich, Ronald, Hrsg.

> **Controlling von Dienstleistungen.** Bd. 9. Freiburg; Berlin; München: Haufe-Mediengruppe, 2010.

Hafner, Wolfgang

> **Haushaltskonsolidierung: Strategische Steuerung statt herkömmlicher Notkonsolidierung.**
>
> in Rechnungswesen und Controlling - Das Steuerungshandbuch für Kommunen. Freiburg i. Br.: Haufe-Verlag, 2016; Gruppe 4, S. 357 ff.

Hopp, Helmut und Astrid Göbel

> **Management in der öffentlichen Verwaltung.** 4., überarbeitete Auflage. Stuttgart: Schäffer-Poeschel Verlag, 2013.

Kientz, Jürgen

> **Integration der strategischen Planung in die Haushaltsplanung einer Kommune.**
>
> Dissertation, 2012.

Litke, Hans-Dieter, Ilonka Kunow und Heinz Schulz-Wimmer

Projektmanagement. Best-of-edition., 2., aktualisierte Auflage. Bd. 200. Freiburg: Haufe-Lexware, 2015.

Rüegg-Stürm, Johannes und Simon Grand

Das St. Galler Management-Modell. 3., überarbeitete und weiterentwickelte Auflage. Bern: Haupt, 2017.

Schuberth, Klaus

Vom Eingriff zur Steuerung – wie Controlling in der öffentlichen Verwaltung funktionieren kann.

in Public Governance. Winter 2012, S. 12 ff.

Stock-Homburg, Ruth

Personalmanagement. 3., überarbeitete und erweiterte Auflage. Wiesbaden: Springer Gabler, 2013.

Truijens, Thorsten Georg, Axel Neumann-Giesen und Jürgen Weber

Organisationsform Shared-service-center. 1. Auflage. Bd. 84. Weinheim: Wiley-VCH-Verl., 2012.

Weber, Jürgen, Johannes Georg, Robert Janke und Simone Mack
Nachhaltigkeit und Controlling. 1. Auflage. Bd. 80. Weinheim: Wiley-VCH, 2012.

Weise, Frank-Jürgen

Erfolgreiche Einführung von Controlling in öffentlichen Institutionen. 1. Auflage. Bd. 89. Weinheim: Wiley-VCH, 2014.

Internetquellen

Gemeinde Waldbronn

https://www.waldbronn.de/willkommen

Leitbild Waldbronn 2025:

https://www.waldbronn.de/de/Gemeinde/Aktuelles/Leit-
bild-2025-Verabschiedung-Januar-2016

Rats- und Bürgerinformationssystem:

https://waldbronn.more-rubin1.de/

Gemeinde Willstätt

http://www.willstaett.de/startseite.html

Haushaltsplan 2017 und 2018:

http://www.willstaett.de/rathaus-buergerservice/ge-
meinde/finanzen.html

Ortsgemeinde Stadtkyll

http://www.stadtkyll.de/sc_start/OG%20Stadtkyll/

Satzung generationengerechte Finanzen:

http://www.stadtkyll.de/sc_start/OG%20Stadtkyll/Ortsge-
meinde/Satzungen/

Senatsverwaltung für Stadtentwicklung und Wohnen Berlin
https://www.stadtentwicklung.berlin.de/index.shtml

Handbuch zur Partizipation:

https://www.stadtentwicklung.berlin.de/soziale_stadt/par-
tizipation/de/handbuch.shtml

Stadt Taunusstein

https://www.taunusstein.de/

Nachhaltigkeitssatzung:

https://www.taunusstein.de/inhalte/1029203/richtlinien-satzungen/index.html

Statistisches Bundesamt

https://www.destatis.de/DE/Startseite.html

Pressemitteilung 287 vom 21. August 2017:

https://www.destatis.de/DE/PresseService/Presse/Pressemitteilungen/2017/08/PD17_287_71231.html

Statistisches Landesamt Baden-Württemberg

https://www.statistik-bw.de

Pressemitteilung 160/2018:

https://www.statistik-bw.de/Presse/Pressemitteilungen/2018160

Grund- und Gewerbesteuerhebesätze der Gemeinden seit 2015:

https://www.statistik-bw.de/FinSteuern/Steuern/Hebesatz-GE.jsp

Bevölkerung nach Nationalität – vierteljährlich

für Willstätt:

https://www.statistik-bw.de/BevoelkGebiet/Bevoelkerung/01035055.tab?R=GS317141

für Waldbronn:

https://www.statistik-bw.de/BevoelkGebiet/Bevoelkerung/01035055.tab?R=GS215110

Anlagenverzeichnis

Produkt-gruppe	0 = kein Beitrag zur Zielerreichung / 1 = schwacher Beitrag zur Zielerreichung, 2 = mittlerer Beitrag zur Zielerreichung / 3 = starker Beitrag zur Zielerreichung **Produktgruppe**	(kurze) Produktgruppeninformationen (Basis: Produktgruppenbeschreibung) (z. B. Wozu gibt es das Produkt? Was soll damit erreicht werden? Wer ist dafür verantwortlich?)	Produkt-gruppen-budget (konsumtiv)	Ziel-felder	Ziel (höchste Priorität)	Ziel	Ziel	Ziel	Ziel (niedrigste Priorität)	Ziel-deckungs-beitrag je Produkt
		Zielgewichtung			5	4	3	2	1	
11.10	Steuerung	Führung und Steuerung der Gemeindeverwaltung, Vertretung und Repräsentation der Gemeinde durch den Bürgermeister; Wahrnehmung der Interessen der Gemeinde in kommunalen Verbänden und die Fassung von Beschlüssen und Zielvereinbarungen durch die politischen Entscheidungsträger; BM Hr. Steffens	-363.360							
11.11	Organisation und Dokumentation kommunaler Willensbildung	Organisatorische Aufgaben für den Gemeinderat, Ausschüsse, die Ortschaftsräte und sonstigen Gremien; Sicherstellung geordneter Beratungs- und Entscheidungs-abläufe, Bearbeitung grundsätzlicher Angelegenheiten der kommunalverfassung und die Zusammenstellung, Pflege und Herausgabe des Ortsrechtes; Hr. Hemler								
11.12	Steuerungsunterstützung / Controlling	Erarbeitung und Überwachung von Grundsätzen und Rahmenregelungen zur Optimierung der Verwaltung (Aufbau- und Ablauforganisation) sowie der Abschluss von Ziel- und Leistungsvereinbarungen im Rahmen der Budgetplanung für eine ergebnisbezogene und wirkungsorientierte Steuerung der Verwaltung, Zentrales Berichtswesen; RAL Hr. Kaufmann								
11.14	Zentrale Funktionen	Zentrale Funktionen und Aufgabenbereiche der Verwaltung, Organisation von Empfängen und Veranstaltungen, Ehrungen, Städtepartnerschaften, Personalrat, Chancengleichheit, Inklusion und Koordination, Förderung des bürgerschaftl. Engagements; HAL Hr. Leupolz	-96.300							
11.20	Organisation und EDV	Verwaltungsinterne Prozesse optimieren, Organisationsuntersuchungen, Beratungen der Fachämter, Technik; Grundlagenschaffung für tarifrechtliche und besoldungsrechtliche Belange der Mitarbeiter; HAL Hr. Leupolz	-227.300							
11.21	Personalwesen	Personalmanagements - Personalgewinnung, Personaleinsatz, Personal-aktenpflege, Beratungen; Ordnungsgemäße Abwicklung und Durchführung des Stellenbesetzungs- und Auswahlverfahrens, Aus- und Fortbildung von Verwaltungsmitarbeitern; HAL Hr. Leupolz	-10.000							
11.22	Finanzwesen und Kasse	Buchhaltung und Kassengeschäfte; Liquiditätsplanung und -steuerung, Forderungsmanagement; haushalts- und betriebswirtschaftlichen Dienst-leistungen; Sicherung der wirtschaftlichen Aufgabenerfüllung, Aufstellung von Tages-, Zwischen- und Jahresabschlüssen; RAL Hr. Kaufmann	-238.630							
11.23	Justitiariat	Unterstützung der politischen Gremien und der Verwaltung in wichtigen rechtlichen und rechtspolitischen Fragen, Erarbeitung von Stellungnahmen, Versicherungsschutz; HAL Hr. Leupolz								
11.24	Gebäudemanagement, Techn. Immobilienmanagement	Technischen Betreuung und Bewirtschaftung der gemeindlichen Gebäude, sowie deren kaufmännische Bewirtschaftung, Miet- und Pachtverträge; BAL Hr. Schönle	-13.610							
11.25	Grünanlagen, Werkstätten und Fahrzeuge	Bauhof - Planung Grünanlagen, Bau und Unterhaltung der Grün- und Freiflächen; Hr. Höferlin	0	2/4						
11.26	Zentrale Dienstleistungen	Internen Serviceleistungen für die gesamte Verwaltung - Poststelle, Bußgeldstelle, Büromaterialverwaltung, Ordnungswidrigkeiten; HAL Hr. Leupolz	-247.700							
11.30	Presse- und Öffentlichkeitsarbeit	Öffentliche Darstellung in den Medien; Medienbeobachtung und -auswertung, Intranet, Internet, "Mitteilungsblatt Willstätt"; Hr. Hemler	-82.050							

Produktgruppe

Legende: 0 = kein Beitrag zur Zielerreichung / 1 = schwacher Beitrag zur Zielerreichung. 2 = mittlerer Beitrag zur Zielerreichung / 3 = starker Beitrag zur Zielerreichung

Produkt-gruppe	Produktgruppe	(kurze) Produktgruppeninformationen (Basis: Produktgruppenbeschreibung) (z. B. Wozu gibt es das Produkt? Was soll damit erreicht werden? Wer ist dafür verantwortlich?)	Produkt-gruppen-budget (konsumtiv)	Ziel-felder	Ziel (höchste Priorität)	Ziel	Ziel	Ziel	Ziel (niedrigste Priorität)	Ziel deckungsbeitrag je Produkt
11.32	Abgabewesen	Festsetzung und Erhebung der Grundsteuer A und B, Gewerbesteuer, Hundesteuer, Vergnügungssteuer und der sonstigen Abgaben zur Erzielung von Erträgen zur Deckung der Aufwendungen des Gesamthaushalts; Fr. Heidt								
11.33	Grundstücksmanagement	Erwerb, Veräußerung und Tausch von bebauten und unbebauten Grundstücken, Abwicklung Erbbaurecht, Miet- und Pachtverträge; Wahrnehmung der Rechte und Pflichten der Gemeinde als Grundstückseigentümerin; Hr. Höferlin	-55.150	2/3						
12.10	Statistik und Wahlen	Erhebung von Daten für Planungs-, Verwaltungs- und Organisationszwecke der staatlichen Institutionen und der Kommune, Vorbereitung und Durchführung von Wahlen, Volksabstimmungen und Bürgerentscheiden; Fr. Edinger	2.500							
12.20	Ordnungswesen	Unterbringen von Obdachlosen in Unterkünften, Gefahrenabwehr bei Veranstaltungen für die Öffentlichkeit, Waffen- und Sprengstoffrecht, Gaststätten- und Gewerbewesen, Fischereischeine; Fr. Edinger	-85.960	2						
12.21	Verkehrswesen	Verkehrslenkung, -regelung und -überwachung, Kontrolle des ruhenden und fließenden Verkehrs; Ordnungswidrigkeitsanzeigen; Fr. Ruf	-47.000	2						
12.22	Einwohnerwesen	Verarbeitung melderechtlicher Vorgänge, Ausweis- und Reisedokumente, Lebensbescheinigungen, Beratung zu Fragen der Staatsangehörigkeit; Fr. Lusch	-15.000							
12.23	Personenstandswesen	Verwaltung des Standesamtswesens - Eheschließungen, Führen des Familienbuchs, Beurkundungen, die Erteilung von formlosen und formgebundenen Auskünften / Nachweisen, die Feststellung von Erben und Nachlass sowie Nachlasssicherung, Eintragung der Lebenspartnerschaft; Fr. Ruf	-88.200	2						
12.24	Kommunale Grundeinsichtsstelle	Örtliche Einsichtnahmestelle des Grundbuchamtes	0							
12.25	Sozialversicherung	Unterstützung bei der Antragstellung in Sozialversicherungsangelegenheiten, insb. Rentenantrag sowie Erteilung von Auskünften darin; Fr. Ruf		1/2						
12.60	Brandschutz	Brände und deren Gefahren bekämpfen, Menschen, Tiere, Sachen und Umwelt schützen bzw. Schäden daran vermeiden; Fr. Edinger	-268.710	2						
12.80	Katastrophenschutz	Präventive Gefahrenabwehr, Katastrophenpläne, Bevölkerungsschutz; Schutz des Lebensraumes der Einwohner und der Umwelt; Fr. Edinger	-1.700	2						
21.10.01	Grundschulen	Sicherstellung und Weiterentwicklung eines bedarfsgerechten Schul- und Unterrichtsbetriebes durch Schaffung der sächlichen und personellen Voraussetzungen; HAL Hr. Leupolz	-118.310	1						
21.10.10	Gemeinschaftsschule	Sicherstellung und Weiterentwicklung eines bedarfsgerechten Schul- und Unterrichtsbetriebes durch Schaffung der sächlichen und personellen Voraussetzungen; HAL Hr. Leupolz	-450.950	1						
21.40	Schülerbeförderung	Organisation und Abwicklung der Schülerbeförderung; Fr. Wandres		1						
21.50	Sonstige Schulische Aufgaben und Einrichtungen	Veröffentlichungen, Schulberichte, Durchführung von Veranstaltungen; ideelle und materielle Zielsetzung des Schulträgers transparent machen, image der Schulen verbessern und stärken; HAL Hr. Leupolz	-1.400	1						
25.21	Archiv	Übernahme und Erschließung der aufbewahrungswürdigen Unterlagen der Kommune, Publikationen zur Gemeindegeschichte; HAL Hr. Leupolz		5						
26.20	Musikpflege	Gewährung eines kommunalen Beitrages für die Musikschule Offenburg sowie ggf. Zuschüsse für Beschallungsanlagen; HAL Hr. Leupolz	-5.300	5						

Produkt-gruppe	0 = kein Beitrag zur Zielerreichung / 1 = schwacher Beitrag zur Zielerreichung, 2 = mittlerer Beitrag zur Zielerreichung / 3 = starker Beitrag zur Zielerreichung **Produktgruppe**	(kurze) Produktgruppeninformationen (Basis: Produktgruppenbeschreibung) (z. B. Wozu gibt es das Produkt? Was soll damit erreicht werden? Wer ist dafür verantwortlich?)	Produkt-gruppen-budget (konsumtiv)	Ziel-felder	Ziel (höchste Priorität)	Ziel	Ziel	Ziel	Ziel (niedrigste Priorität)	Ziel-deckungs-beitrag je Produkt
27.20	Mediathek	Bereitstellung von Medien und Informationen aller Art (z.B. Bücher, CDs, DVDs, Videos, Wanderkarten, Hörbücher); Eheleute Schneidewind	-17.900	1						
28.10	Sonstige Kulturpflege	Konzeption, Planung, Finanzierung, Organisation und Abwicklung bzw. Durchführung von Veranstaltungen/Vergabe von Kulturpreisen, Willkütätter Kulturtage; HAL Hr. Leupolz	-196.190	5						
29.10	Förderung von Kirchen	Allgemeine Förderung von Religionsgemeinschaften, Erfüllung von Verpflichtungen, z. B. zur Unterhaltung kirchlicher Bauten; HAL Hr. Leupolz	-2.080	5						
31.40	Soziale Einrichtungen	Soziale Einrichtungen für ältere Menschen, Menschen mit Behinderungen; Unterkunftsgewährung für Flüchtlinge und Obdachlose; Hr. Höferlin	-13.610	1/2						
31.60	Förderung von Trägern der Wohlfahrtspflege	Förderung und Unterstützung der freien Träger bei Erfüllung von sozialen Aufgaben im Bereich der Jugend- und Familienfürsorge; hier u.a.: Zuschüsse an Tagesmütterverein, DRK und Sozial-Station HAL Hr. Leupolz	-27.550	1/2						
31.80	Sonstige soziale Hilfen und Leistungen	Sozial- und Lebensberatung sowie Unterstützung alter Menschen bei der Teilnahme am Leben in der Gesellschaft; Fr. Birk	-22.500	1						
36.20	Allgemeine Förderung junger Menschen	Förderung der Entwicklung junger Menschen, offene Kinder- und Jugendarbeit, Erzieherischer Kinder- und Jugendschutz, Förderung der verbandlichen Kinder- und Jugendarbeit; Hr. Wagner	-135.560	1						
36.50	Tageseinrichtungen für Kinder	Bereitstellung von Kindergärten und -krippen sowie Betreuung und Vermittlung von Bildung für Kinder von 0-6 Jahren durch Fachpersonal; Fr. Wanders	-2.327.550	1						
41.40	Maßnahmen der Gesundheitspflege	Gesundheitsförderung und Prävention, Bekämpfung gesundheitsrelevanter äußerer Umwelteinflüsse, Schädlingsbekämpfung; HAL Hr. Leupolz	-8.800	2						
42.10	Förderung des Sports	Förderung des Sports durch die Bereitstellung eines bedarfsgerechten und attraktiven Sportangebots; Hr. Hemler	-33.100	5						
42.41	Sportstätten	Bereitstellung von Sportflächen für Vereine, Schulsport und sonst. Nutzung; Hr. Höferlin	-1.044.350	5						
51.10	Gemeindeentwicklung, Städtebauliche Planung	Strategien, Konzepte, Stellungnahmen und Steuerung der Gemeindeentwicklung zur Sicherung einer ausgewogenen sozialen, ökonomischen und städtebaulichen Entwicklung; hier: Neuer Ortsmitten, Sanierungsgebiet; BAL Hr. Schönle	-242.850	2						
51.11	Flächen- und grundstücksbezogene Daten	Bereitstellung von Flurstück- und Gebäudedaten, Neuordnung bebauter/unbebauter Grundstücke, Gutachten über den Verkehrswert von Grundstücken und von Rechten an Grundstücken; BAL Hr. Schönle		2/3/4						
52.10	Bauordnung	Wahrung der bauordnungs- und bauplanungsrechtlichen und sonstigen von der Baurechtsbehörde zu prüfenden öffentlich-rechtlichen Bestimmungen sowie Schaffung von Rechtssicherheit für den Bauherrn; BAL Hr. Schönle		2/3/4						
52.20	Wohnungsbauförderung und Wohnungsversorgung	Ausstellung von Wohnungsberechtigungsscheinen, Förderung von Mietwohnungsausbau, Wohneigentum und Modernisierungs-, Schallschutz- und Energiesparmaßnahmen; Hr. Baaß	300	2						
52.30	Denkmalschutz	Kulturdenkmale schützen und pflegen, den Zustand der Kulturdenkmale überwachen; Hr. Baaß		5						
53.10	Elektrizitätsversorgung	Abschluss von Konzessionsverträgen zwischen dem Netzbetreiber und der Kommune zur Sicherstellung der Elektrizitätsversorgung; RAL Hr. Kaufmann	273.700	2						

Produkt-gruppe	0 = kein Beitrag zur Zielerreichung / 1 = schwacher Beitrag zur Zielerreichung, 2 = mittlerer Beitrag zur Zielerreichung / 3 = starker Beitrag zur Zielerreichung **Produktgruppe**	(kurze) Produktgruppeninformationen (Basis: Produktgruppenbeschreibung) (z. B. Wozu gibt es das Produkt? Was soll damit erreicht werden? Wer ist dafür verantwortlich?)	Produkt-gruppen-budget (konsumtiv)	Ziel-felder	Ziel (höchste Priorität)	Ziel	Ziel	Ziel	Ziel (niedrigste Priorität)	Ziel-deckungs-beitrag je Produkt
53.20	Gasversorgung	Abschluss von Konzessionsverträgen zwischen dem Netzbetreiber und der Kommune zur Sicherstellung der Gasversorgung; RAL Hr. Kaufmann	7.000	2						
53.30	Wasserversorgung	Die Wasserversorgung der Gemeinde Willstätt ist in einen Eigenbetrieb als wirtschaftliches Unternehmen ausgegliedert; Konzessionsabgabe; Sicherstellung der Wasserversorgung; RAL Hr. Kaufmann	100.000	2						
53.60	Breitbandversorgung	Konzeption zur Umsetzung einer flächendeckenden Breitbandversorgung zur Sicherstellung eines möglichst flächendeckenden Zugangs zur Breitbandtechnologie; BAL Hr. Schöne		3						
54.10	Gemeindestraßen	Schaffung und Erhaltung von Verkehrsinfrastruktur und Aufrechterhaltung von Verkehrssicherheit; Hr. Höferlin	-599.300	4						
54.50	Straßenreinigung und Winterdienst	Beseitigung von Schmutz, Abfall und Wildwuchs auf allen als „Fahrbahn" gewidmeten Verkehrsflächen, Geh- und Radwegen, öffentlichen und privaten Plätzen, Räumen und Streuen im Rahmen des Winterdienstes; Hr. Höferlin	-58.100	4						
54.60	Parkierungseinrichtungen	Bereitstellung, Betrieb und Unterhaltung der Ausstattung von Parkierungseinrichtungen; Fr. Ruf	-33.750	2						
54.70	ÖPNV	Förderung von Angeboten des öffentlichen Personen-Nahverkehrs (ÖPNV) und der ÖPNV-Infrastruktur zur Sicherstellung eines bürgerfreundlichen, attraktiven ÖPNV-Angebots; Fr. Wanders		2						
54.90	Öffentliche Toilettenanlagen	Bereitstellung, Betrieb, Unterhaltung und Reinigung der öffentlichen Toilettenanlagen; Hr. Höferlin	-314.600	2						
55.10	Öffentliches Grün	Bereitstellung und Unterhaltung von Grün- und Parkanlagen zur Erholung im Wohn- und Arbeitsumfeld und zur Förderung und Weiterentwicklung der Gartenkultur; Hr. Höferlin		1/2/4						
55.20	Gewässerschutz und Öffentliche Gewässer	Maßnahmen zum Schutz der oberirdischen Gewässer und des Grundwassers sowie des Hochwasserschutzes insbesondere durch die Bereitstellung, Unterhaltung, Instandsetzung und den Betrieb konstruktiver Anlagen und kommunaler Gewässer; BAL Hr. Schöne	-405.850	4						
55.30	Friedhofs- und Bestattungswesen	Bestattung aller Personen, die bei ihrem Ableben Einwohner der Gemeinde waren, sowie der in der Gemeinde verstorbenen oder tot aufgefundenen ohne Wohnsitz oder mit unbekanntem Wohnsitz; Frau Arbogast	-227.950	2						
55.40	Naturschutz und Landschaftspflege	Bereitstellung und Unterhaltung von öffentlichen Natur- und Landschafts(schutz)-flächen und Flächen von besonderer ökologischer Bedeutung; Hr. Höferlin	-18.000	4						
55.50	Forstwirtschaft	Pflege und Bewirtschaftung des gemeindeeigenen Waldes zur Produktion von Holz, Biotop- und Artenschutz, Sicherung von Schutzwald und ökologisch angepassten Wildbeständen, Maßnahmen zur Förderung der Nutzung des Waldes als Naherholungsgebiet; Hr. Weis	-41.500	4						
56.10	Umweltschutzmaßnahmen	Altlastangelegenheiten, Nachhaltige Sicherung oder Wiederherstellung der Funktionen des Bodens, Nachhaltiges Flächenmanagement; BAL Hr. Schöne	39.700	4						
57.10	Wirtschaftsförderung	Förderung der Einkaufszentralität, Verbesserung der Standortfaktoren, Vernetzung Wirtschaft und Kultur, Verbesserung der Wirtschaftsstruktur und des Wirtschafts- und Investitionsklimas; Hr. Hemler	-18.000	3						

Produkt-gruppe	Produktgruppe 0 = kein Beitrag zur Zielerreichung / 1 = schwacher Beitrag zur Zielerreichung, 2 = mittlerer Beitrag zur Zielerreichung / 3 = starker Beitrag zur Zielerreichung	(kurze) Produktgruppeninformationen (Basis: Produktgruppenbeschreibung) (z. B. Wozu gibt es das Produkt? Was soll damit erreicht werden? Wer ist dafür verantwortlich?)	Produkt-gruppen-budget (konsumtiv)	Ziel-felder	Ziel (höchste Priorität)	Ziel	Ziel	Ziel	Ziel (niedrigste Priorität)	Ziel-deckungs-beitrag je Produkt
57.30	Märkte, Festhallen und Festplätze	Planung der Wochen- und Jahrmärkte, Marktorganisation und Marktaufsicht, privatrechtliche Vermietung und Verpachtung von Festhallen und Festplätzen, sowie deren Unterhaltung; Hr. Hemler	-55.300	5						
57.50	Tourismus	Erstellen und Erarbeiten einer ortspezifischen Konzeption zur Gewinnung von Kunden/Gästen und Steigerung der örtlichen Attraktivität für Einheimische und Gäste; Hr. Hemler	-1.500	3/2						
61.10	Steuern und allgemeine Zuweisungen	Ausweisung aller der Gesamtdeckung des Kernhaushalts dienenden Zuweisungen, Umlagen und Steuern; RAL Hr. Kaufmann	6.021.630							
61.20	Sonstige allgemeine Finanzwirtschaft	Alle Vorgänge der Darlehensaufnahme und –abwicklung (kurz-, mittel- und langfristige Kredite) sowie der Geldanlage, Verbuchung der Zinsen von Krediten und Termingeldanlagen; RAL Hr. Kaufmann	2.625.600							
			807.910		#BEZUG!	#BEZUG!	#BEZUG!	#BEZUG!	#BEZUG!	

Leistungen der Gemeinde Willstätt

Bewertung des Wirkungsbeitrages:
0 = kein Beitrag zur Zielerreichung
1 = schwacher Beitrag zur Zielerreichung
2 = mittlerer Beitrag zur Zielerreichung
3 = starker Beitrag zur Zielerreichung

Produkt-(gruppe)	Bezeichnung Produktgruppe / Produkt	(kurze) Produkt(gruppen)informationen (Basis: Produkt(gruppen)beschreibung) (z. B. Wozu gibt es die Produktgruppe? Was soll damit erreicht werden? Wer ist dafür verantwortlich?)	ZF 2 Lebens-qualität — Grundversorgung mit Ärzten, Lebensmitteln, Verwaltung, etc. in allen Ortsteilen erstellen	ZF 1 Familie Generation, Bildung — Mensa mit gesundem Essensangebot und Nutzungskonzept Mediathek	ZF 4 Natur / Landwirt-schaft — Stellenwert Landwirtsch. erhöhen	ZF 3 Wirtschaft — Wander- u. Radwege ausbauen	ZF 5 Sport, Kultur, Freizeit — Vereine und Kultur stärken	Zieldeckungs-beitrag je Produkt
		Zielgewichtung	5	4	3	2	1	
11.30	Presse- und Öffentlichkeitsarbeit	Öffentliche Darstellung in den Medien; Medienbeobachtung und -auswertung, Intranet, Internet, "Mitteilungsblatt Willstätt"; Hr. Hemler						
11.32	Abgabewesen	Festsetzung und Erhebung der Grundsteuer A und B, Gewerbesteuer, Hundesteuer, Vergnügungssteuer und der sonstigen Abgaben zur Erzielung von Erträgen zur Deckung der Aufwendungen des Gesamthaushalts; Fr. Heldt						
11.33	Grundstücksmanagement	Erwerb, Veräußerung und Tausch von bebauten und unbebauten Grundstücken, Abwicklung Erbbaurecht, Miet- und Pachtverträge; Wahrnehmung der Rechte und Pflichten der Gemeinde als Grundstückseigentümerin; Hr. Höferlin						

Strategische Ziele

Bewertung des Wirkungsbeitrages:
0 = kein Beitrag zur Zielerreichung
1 = schwacher Beitrag zur Zielerreichung
2 = mittlerer Beitrag zur Zielerreichung
3 = starker Beitrag zur Zielerreichung

Strategische Ziele

(kurze) Produkt(gruppen)informationen (Basis: Produkt(gruppen)beschreibung)
(z. B. Wozu gibt es die Produktgruppe? Was soll damit erreicht werden? Wer ist dafür verantwortlich?)

Produkt-(gruppe)	Bezeichnung Produktgruppe / Produkt	(kurze) Produkt(gruppen)informationen	ZF 2 Lebensqualität – Grundversorgung mit Ärzten, Lebensmitteln, Verwaltung, etc. in allen Ortsteilen	ZF 1 Familie, Generation, Bildung – Mensa mit gesundem Essensangebot und Nutzungskonzept Mediathek erstellen	ZF 4 Natur / Landwirtschaft – Stellenwert Landwirtsch. erhöhen	ZF 3 Wirtschaft – Wander- u. Radwege ausbauen	ZF 5 Sport, Kultur, Freizeit – Vereine und Kultur stärken	Zieldeckungsbeitrag je Produkt
		Zielgewichtung	5	4	3	2	1	
12.10	Statistik und Wahlen	Erhebung von Daten für Planungs-, Verwaltungs- und Organisationszwecke der staatlichen Institutionen und der Kommune, Vorbereitung und Durchführung von Wahlen, Volksabstimmungen und Bürgerentscheiden; Fr. Edinger	nicht bewertet, da Weisungsaufgaben					
12.20	Ordnungswesen	Unterbringen von Obdachlosen in Unterkünften, Gefahrenabwehr bei Veranstaltungen für die Öffentlichkeit, Waffen- und Sprengstoffrecht, Gaststätten- und Gewerbewesen, Fischereischeine; Fr. Edinger						
12.21	Verkehrswesen	Verkehrslenkung, -regelung und -überwachung, Kontrolle des ruhenden und fließenden Verkehrs; Ordnungswidrigkeitsanzeigen; Fr. Ruf						
12.22	Einwohnerwesen	Verarbeitung melderechtlicher Vorgänge, Ausweis- und Reisedokumente, Lebensbescheinigungen, Beratung zu Fragen der Staatsangehörigkeit; Fr. Lusch						
12.23	Personenstandswesen	Verwaltung des Standesamtswesen – Eheschließungen, Führen des Familienbuchs, Beurkundungen, die Feststellung von Erben und Nachlass sowie Nachlassicherung, Eintragung der Lebenspartnerschaft; Fr. Ruf						
12.24	Kommunale Grundeinsichtsstelle	Örtliche Einsichtnahmestelle des Grundbuchamtes						
12.25	Sozialversicherung	Unterstützung bei der Antragstellung in Sozialversicherungsangelegenheiten, insb. Rentenantrag sowie Erteilung von Auskünften darin; Fr. Ruf						
12.60	Brandschutz	Brände und deren Gefahren bekämpfen, Menschen, Tiere, Sachen und Umwelt schützen bzw. Schäden daran vermeiden; Fr. Edinger						
12.80	Katastrophenschutz	Präventive Gefahrenabwehr, Katastrophenpläne, Bevölkerungsschutz; Schutz des Lebensraumes der Einwohner und der Umwelt; Fr. Edinger						

Bewertung des Wirkungsbeitrages:
0 = kein Beitrag zur Zielerreichung
1 = schwacher Beitrag zur Zielerreichung
2 = mittlerer Beitrag zur Zielerreichung
3 = starker Beitrag zur Zielerreichung

Strategische Ziele

Produkt-(gruppe)	Bezeichnung Produktgruppe / Produkt	(kurze) Produkt(gruppen)informationen (Basis: Produkt(gruppen)beschreibung) (z. B. Wozu gibt es die Produktgruppe? Was soll damit erreicht werden? Wer ist dafür verantwortlich?)	ZF 2 Lebensqualität — Grundversorgung mit Ärzten, Lebensmitteln, Verwaltung, etc. in allen Ortsstellen	ZF 1 Familie Generation, Bildung — Mensa mit gesundem Essensangebot und Nutzungskonzept Mediathek erstellen	ZF 4 Natur / Landwirtschaft — Stellenwert Landwirtsch. erhöhen	ZF 3 Wirtschaft — Wander- u. Radwege ausbauen	ZF 5 Sport, Kultur, Freizeit — Vereine und Kultur stärken	Zieldeckungsbeitrag je Produkt
		Zielgewichtung	5	4	3	2	1	
21.10.01	Grundschulen	Sicherstellung und Weiterentwicklung eines bedarfsgerechten Schul- und Unterrichtsbetriebes durch Schaffung der sächlichen und personellen Voraussetzungen; HAL Hr. Leupolz						
21.10.10	Gemeinschaftsschule	Sicherstellung und Weiterentwicklung eines bedarfsgerechten Schul- und Unterrichtsbetriebes durch Schaffung der sächlichen und personellen Voraussetzungen; hierzu zählt auch die Errichtung und der Betrieb einer Mensa HAL Hr. Leupolz						
21.40	Schülerbeförderung	Organisation und Abwicklung der Schülerbeförderung; Fr. Wandres						
21.50	Sonstige Schulische Aufgaben und Einrichtungen	Veröffentlichungen, Schulberichte, Durchführung von Veranstaltungen; ideelle und materielle Zielsetzung des Schulträgers transparent machen, Image der Schulen verbessern und stärken; HAL Hr. Leupolz						
25.21	Archiv	Übernahme und Erschließung der aufbewahrungswürdigen Unterlagen der Kommune, Publikationen zur Gemeindegeschichte; HAL Hr. Leupolz						
26.20	Musikpflege	Gewährung eines Kommunalbeitrages für die Musikschule Offenburg sowie ggf. Zuschüsse für Beschallungsanlagen; Eheleute Schneidewind						
27.20	Mediathek	Bereitstellung von Medien und Informationen aller Art (z.B. Bücher, CDs, DVDs, Videos, Wanderkarten, Hörbücher); Eheleute Schneidewind						
28.10	Sonstige Kulturpflege	Konzeption, Planung, Finanzierung, Organisation und Abwicklung bzw. Durchführung von Veranstaltungen, Willstätter Kulturtage; HAL Hr. Leupolz						
29.10	Förderung von Kirchen	Allgemeine Förderung von Religionsgemeinschaften, Erfüllung von Verpflichtungen, z. B. zur Unterhaltung kirchlicher Bauten; HAL Hr. Leupolz						

Bewertung des Wirkungsbeitrages:
- 0 = kein Beitrag zur Zielerreichung
- 1 = schwacher Beitrag zur Zielerreichung
- 2 = mittlerer Beitrag zur Zielerreichung
- 3 = starker Beitrag zur Zielerreichung

Strategische Ziele

Produkt-(gruppe)	Bezeichnung Produktgruppe / Produkt	(kurze Produkt(gruppen)informationen (Basis: Produkt(gruppen)beschreibung) (z. B. Wozu gibt es die Produktgruppe? Was soll damit erreicht werden? Wer ist dafür verantwortlich?)	ZF 2 Lebens-qualität — Grundversorgung mit Ärzten, Lebensmitteln, Verwaltung, etc. in allen Ortsteilen	ZF 1 Familie Generation, Bildung — Mensa mit gesundem Essensangebot und Nutzungskonzept Mediathek	ZF 4 Natur / Landwirt-schaft — Stellenwert Landwirtsch. erhöhen	ZF 3 Wirtschaft — Wander- u. Radwege ausbauen	ZF 5 Sport, Kultur, Freizeit — Vereine und Kultur stärken	Zieldeckungs-beitrag je Produkt
		Zielgewichtung	5	4	3	2	1	
				extern				
31.40	Soziale Einrichtungen	Soziale Einrichtungen für ältere Menschen, Menschen mit Behinderungen; Unterkunftsgewährung für Flüchtlinge und Obdachlose; Hr. Höferlin	Bewertung erfolgt auf Produktebene					
31.40.05	Soziale Einrichtungen für Wohnungslose	Hierunter fallen insbesondere Obdachlosenheime und Notunterkünfte für Obdachlose						
31.40.07	Soziale Einrichtungen für Flüchtlinge und Asylbewerber/-innen und Asylberechtigte (Anschlussunterbringung durch Städte und Gemeinde)							
31.60	Förderung von Trägern der Wohlfahrtspflege	Förderung und Unterstützung der freien Träger bei Erfüllung von sozialen Aufgaben im Bereich der Jugend- und Familienfürsorge; hier u.a.: Zuschüsse an Tagesmütterverein, DRK und Sozial-Station HAl; Hr. Leupolz						
31.80	Sonstige soziale Hilfen und Leistungen	Sozial- und Lebensberatung sowie Unterstützung alter Menschen bei der Teilnahme am Leben in der Gesellschaft; Fr. Birk						
36.20	Allgemeine Förderung junger Menschen	Förderung der Entwicklung junger Menschen, offene Kinder- und Jugendarbeit, Erzieherischer Kinder- und Jugendschutz, Förderung der verbandlichen Kinder- und Jugendarbeit; Hr. Wagner	Bewertung erfolgt auf Produktebene					
36.20.02	Jugendsozialarbeit, Jugendsozialarbeit an Schulen im Rahmen SGB VIII	Förderung von jungen Menschen, die zum Ausgleich sozialer Benachteiligungen oder zur Überwindung individueller Be-einträchtigungen in erhöhtem Maße auf Unterstützung angewiesen sind, nach § 13 SGB VIII						
36.20.04	Einrichtungen der Jugendarbeit	Bereitstellung von Einrichtungen der Jugendarbeit; Dazu gehören neben den Kosten für Errichtung, Unterhaltung und Betrieb der Einrichtungen auch die Aufwendungen für das Personal						
36.50	Tageseinrichtungen für Kinder	Bereitstellung von Kindergärten und -krippen sowie Betreuung und Vermittlung von Bildung für Kinder von 0-6 Jahren durch Fachpersonal; Fr. Wenders						

Bewertung des Wirkungsbeitrages:
0 = kein Beitrag zur Zielerreichung
1 = schwacher Beitrag zur Zielerreichung
2 = mittlerer Beitrag zur Zielerreichung
3 = starker Beitrag zur Zielerreichung

Strategische Ziele

Produkt-(gruppe)	Bezeichnung Produktgruppe / Produkt (kurze) Produkt(gruppen)informationen (Basis: Produkt(gruppen)beschreibung) (z. B. Wozu gibt es die Produktgruppe? Was soll damit erreicht werden? Wer ist dafür verantwortlich?)	ZF 2 Lebens-qualität Grundversorgung mit Ärzten, Lebensmitteln, Verwaltung, etc. in allen Ortsteilen	ZF 1 Familie Generation, Bildung Mensa mit gesundem Essensangebot und Nutzungskonzept Mediathek erstellen	ZF 4 Natur / Landwirt-schaft Stellenwert Landwirtsch. erhöhen	ZF 3 Wirtschaft Wander- u. Radwege ausbauen	ZF 5 Sport, Kultur, Freizeit Vereine und Kultur stärken	Zieldeckungs-beitrag je Produkt
	Zielgewichtung	5	4	3	2	1	
41.40	Maßnahmen der Gesundheitspflege Gesundheitsförderung und Prävention, Bekämpfung gesundheitsrelevanter äußerer Umwelteinflüsse, Schädlingsbekämpfung; HAL Hr. Leupolz						
42.10	Förderung des Sports Förderung des Sports durch die Bereitstellung eines bedarfsgerechten und attraktiven Sportangebots; Hr. Hemker						
42.41	Sportstätten Bereitstellung von Sportflächen für Vereine, Schulsport, sonst. Nutzung; Hr. Höferlin	Bewertung erfolgt auf Produktebene					
42.41.01	Gedeckte Sportflächen bis 27 m x 45 m Bereitstellung, Unterhaltung, Instandhaltung und Betrieb von gedeckten Sportflächen bis zu einer Größe von 27m x 45m in Gymnastikräumen, Turn- und Sporthallen und Bezirkssporthallen						
42.41.02	Freisportanlagen Bereitstellung, Unterhaltung, Instandhaltung und Betrieb von Freisportanlagen z. B. Klein- und Normalspielfelder sowie leichtathletische Anlagen. Zu diesem Produkt gehören auch Neben- und Betriebsanlagen						

Bewertung des Wirkungsbeitrages:
0 = kein Beitrag zur Zielerreichung
1 = schwacher Beitrag zur Zielerreichung
2 = mittlerer Beitrag zur Zielerreichung
3 = starker Beitrag zur Zielerreichung

Strategische Ziele

Produkt-(gruppe)	Bezeichnung Produktgruppe / Produkt	(kurze) Produkt(gruppen)informationen (Basis: Produkt(gruppen)beschreibung) (z. B. Wozu gibt es die Produktgruppe? Was soll damit erreicht werden? Wer ist dafür verantwortlich?)	ZF 2 Lebensqualität — Grundversorgung mit Ärzten, Lebensmitteln, Verwaltung, etc. in allen Ortsteilen	ZF 1 Familie Generation, Bildung — Mensa mit gesundem Essensangebot und Nutzungskonzept und Mediathek erstellen	ZF 4 Natur / Landwirtschaft — Stellenwert Landwirtsch. erhöhen	ZF 3 Wirtschaft — Wander- u. Radwege ausbauen	ZF 5 Sport, Kultur, Freizeit — Vereine und Kultur stärken	Zieldeckungsbeitrag je Produkt
		Zielgewichtung	5	4	3	2	1	
51.10	Gemeindeentwicklung, Städtebauliche Planung	Strategien, Konzepte, Stellungnahmen und Steuerung der Gemeindeentwicklung zur Sicherung einer ausgewogenen sozialen, ökonomischen und städtebaulichen Entwicklung; hier: Neuer Ortsmitten, Sanierungsgebiet; BAL Hr. Schönle						
51.11	Flächen- und grundstückbezogene Daten	Bereitstellung von Flurstück- und Gebäudedaten, Neuordnung bebauter/unbebauter Grundstücke, Gutachten über den Verkehrswert von Grundstücken und von Rechten an Grundstücken; BAL Hr. Schönle						
52.10	Bauordnung	Wahrung der bauordnungs- und bauplanungsrechtlichen und sonstigen von der Baurechtsbehörde zu prüfenden öffentlich-rechtlichen Bestimmungen sowie Schaffung von Rechtssicherheit für den Bauherrn; BAL Hr. Schönle						
52.20	Wohnungsbauförderung und Wohnungsversorgung	Ausstellung von Wohnungsberechtigungsscheinen, Förderung von Mietwohnungsausbau, Wohneigentum und Modernisierungs-, Schallschutz- und Energiesparmaßnahmen; Hr. Baaß						
52.30	Denkmalschutz	Kulturdenkmale schützen und pflegen, den Zustand der Kulturdenkmale überwachen; Hr. Baaß						
53.10	Elektrizitätsversorgung	Abschluss von Konzessionsverträgen zwischen dem Netzbetreiber und der Kommune zur Sicherstellung der Elektrizitätsversorgung; RAL Hr. Kaufmann						
53.20	Gasversorgung	Abschluss von Konzessionsverträgen zwischen dem Netzbetreiber und der Kommune zur Sicherstellung der Gasversorgung; RAL Hr. Kaufmann						
53.30	Wasserversorgung	Die Wasserversorgung der Gemeinde Willstätt ist in einen Eigenbetrieb als wirtschaftliches Unternehmen ausgegliedert; Konzessionsabgabe; Sicherstellung der Wasserversorgung; RAL Hr. Kaufmann						
53.60	Breitbandversorgung	Konzeption zur Umsetzung einer flächendeckenden Breitbandversorgung zur Sicherstellung eines möglichst flächendeckenden Zugangs zur Breitbandtechnologie; BAL Hr. Schönle						
54.10	Gemeindestraßen	Schaffung und Erhaltung von Verkehrsinfrastruktur und Aufrechterhaltung von Verkehrssicherheit; Hr. Höferlin						
54.50	Straßenreinigung und Winterdienst	Beseitigung von Schmutz, Abfall und Wildwuchs auf allen als „Fahrbahn" gewidmeten Verkehrsflächen, Geh- und Radwegen, öffentlichen und privaten Plätzen, Räumen und Streuen im Rahmen des Winterdienstes; Hr. Höferlin						
54.60	Parkierungseinrichtungen	Bereitstellung, Betrieb und Unterhaltung der Ausstattung von Parkierungseinrichtungen; Fr. Ruf						

Strategische Ziele

Bewertung des Wirkungsbeitrages:
0 = kein Beitrag zur Zielerreichung
1 = schwacher Beitrag zur Zielerreichung
2 = mittlerer Beitrag zur Zielerreichung
3 = starker Beitrag zur Zielerreichung

(kurze) Produkt(gruppen)informationen (Basis: Produkt(gruppen)beschreibung)
(z. B. Wozu gibt es die Produktgruppe? Was soll damit erreicht werden? Wer ist dafür verantwortlich?)

Produkt-(gruppe)	Bezeichnung Produktgruppe / Produkt	(kurze) Produkt(gruppen)informationen	ZF 2 Lebensqualität – Grundversorgung mit Ärzten, Lebensmitteln, Verwaltung, etc. in allen Ortsteilen	ZF 1 Familie Generation, Bildung – Mensa mit gesundem Essensangebot und Nutzungskonzept und Mediathek erstellen	ZF 4 Natur / Landwirtschaft – Stellenwert Landwirtsch. erhöhen	ZF 3 Wirtschaft – Wander- u. Radwege ausbauen	ZF 5 Sport, Kultur, Freizeit – Vereine und Kultur stärken	Zieldeckungsbeitrag je Produkt
		Zielgewichtung	5	4	3	2	1	
54.70	ÖPNV	Förderung von Angeboten des öffentlichen Personen-Nahverkehrs (ÖPNV) und der ÖPNV-Infrastruktur zur Sicherstellung eines bürgerfreundlichen, attraktiven ÖPNV-Angebots; Fr. Wanders						
54.90	Öffentliche Toilettenanlagen	Bereitstellung, Betrieb, Unterhaltung und Reinigung der öffentlichen Toilettenanlagen; Hr. Höferlin						
55.10	Öffentliches Grün	Unterhaltung von Grün- und Parkanlagen zur Erholung im Wohn- und Arbeitsumfeld und zur Förderung und Weiterentwicklung der Gartenkultur; Hr. Höferlin						
55.20	Gewässerschutz und Öffentliche Gewässer	Maßnahmen zum Schutz der oberirdischen Gewässer sowie des Grundwassers sowie des Hochwasserschutzes insbesondere durch die Bereitstellung, Unterhaltung, Instandsetzung und den Betrieb konstruktiver Anlagen und kommunaler Gewässer; BAL Hr. Schönle						
55.30	Friedhofs- und Bestattungswesen	Bestattung aller Personen, die bei ihrem Ableben Einwohner der Gemeinde waren, sowie der in der Gemeinde verstorbenen oder tot aufgefundenen ohne Wohnsitz oder mit unbekanntem Wohnsitz; Frau Arbogast						
55.40	Naturschutz und Landschaftspflege	Bereitstellung und Unterhaltung von öffentlichen Natur- und Landschafts(schutz)-Flächen und Flächen von besonderer ökologischer Bedeutung; Hr. Höferlin						
55.50	Forstwirtschaft	Pflege und Bewirtschaftung des gemeindeeigenen Waldes, Biotop- und Artenschutz, Maßnahmen zur Förderung der Nutzung des Waldes als Naherholungsgebiet; Hr. Weis						
56.10	Umweltschutzmaßnahmen	Altlastangelegenheiten, Nachhaltige Sicherung oder Wiederherstellung der Funktionen des Bodens, Nachhaltiges Flächenmanagement; BAL Hr. Schönle						
57.10	Wirtschaftsförderung	Förderung der Einkaufszentralität, Verbesserung der Standortfaktoren, Vernetzung Wirtschaft und Kultur, Verbesserung der Wirtschaftsstruktur und des Wirtschafts- und Investitionsklimas; Hr. Hemler						
57.30	Märkte, Festhallen und Festplätze	Planung der Wochen- und Jahrmärkte, Marktorganisation und Marktaufsicht, privatrechtliche Vermietung und Verpachtung von Festhallen und Festplätzen, sowie deren Unterhaltung; Hr. Hemler						
57.50	Tourismus	Erarbeiten einer ortsspezifischen Konzeption zur Gewinnung von Kunden/Gästen und Steigerung der örtlichen Attraktivität für Einheimische und Gäste; Hr. Hemler						

Aufgaben der Gemeinde Waldbronn

Bewertung des Wirkungsbeitrages:
0 = kein Beitrag zur Zielerreichung
1 = schwacher Beitrag zur Zielerreichung
2 = mittlerer Beitrag zur Zielerreichung
3 = starker Beitrag zur Zielerreichung

Unterabschnitt Nr.	Bezeichnung	(kurze) Aufgabenbeschreibung (z. B. Was soll damit erreicht werden? Wer ist dafür verantwortlich?)	**Soziales** Teilhabe für Menschen in allen Lebenslagen		**Wirtschaft** Gut leben, arbeiten und einkaufen	**Bauen und Wohnen** Gemeinsam, nachhaltig und durchgrünt		**Infrastruktur** Weitsichtig planen und handeln	**Umwelt** Natur genießen, gesund leben		**Kultur** Bildung, Freizeit und Kunst Raum geben	Zieldeckungsbeitrag je Aufgabe
			Leitlinie 1	Leitlinie 2	Leitlinie 3	Leitlinie 4	Leitlinie 5	Leitlinie 6	Leitlinie 7	Leitlinie 8	Leitlinie 9	
0510	Standesamt	Trauungen, Urkunden Herr Knab / Herr Schäfer	P									
0530	Wahlen und Statistik	Kommunal-, Landtags-, Budestags- und Europawahlen, Statistiken Herr Knab / Herr Schäfer	P									

Aufgaben der Gemeinde Waldbronn

Bewertung des Wirkungsbeitrages:
0 = kein Beitrag zur Zielerreichung
1 = schwacher Beitrag zur Zielerreichung
2 = mittlerer Beitrag zur Zielerreichung
3 = starker Beitrag zur Zielerreichung

Unter-abschnitt Nr.	Bezeichnung	(kurze Aufgabenbeschreibung (z. B. Was soll damit erreicht werden? Wer ist dafür verantwortlich?)		Soziales – Teilhabe für Menschen in allen Lebenslagen	Wirtschaft – Gut leben, arbeiten und einkaufen	Bauen und Wohnen – Gemeinsam, nachhaltig und durchgrünt	Infrastruktur – Weitsichtig planen und handeln	Umwelt – Natur genießen, gesund leben	Kultur – Bildung, Freizeit und Kunst Raum geben	Zieldeckungs-beitrag je Aufgabe
				Leitlinie 1 / Leitlinie 2	Leitlinie 3	Leitlinie 4 / Leitlinie 5	Leitlinie 6	Leitlinie 7 / Leitlinie 8	Leitlinie 9	
1100	Öffentliche Ordnung	Fundsachen, Waffen, Jagd, Gewerbebetriebe, Verkehrsüberwachung — Herr Knab / Herr Schäfer	P							
1110	Bürgerbüro	Anlaufstelle für Bürger in allen Lebenslagen — Herr Knab / Herr Schäfer	P							
1140	Grundbucheinsichtsstelle	Einsicht in das zentrale digitale Grundbuch, Erstellen von Grundbuchauszügen, notarielle Unterschriftsbeglaubigung — Herr Knab	P							
1200	Umweltamt	Umwelt- u. Naturschutz, Immissionsschutz (Luft, Lärm), Gewässer, Energiemanagement, EEA, EnEV, CO2frei — Frau Strack	P							
1310	Feuerwehr / Brandschutz	Brandbekämpfung, Rettung, Aufklärung; Konzeption eines neuen Feuerwehrhaus-Standorts — Herr Knab	P							

Aufgaben der Gemeinde Waldbronn

Bewertung des Wirkungsbeitrages:
0 = kein Beitrag zur Zielerreichung
1 = schwacher Beitrag zur Zielerreichung
2 = mittlerer Beitrag zur Zielerreichung
3 = starker Beitrag zur Zielerreichung

Unterabschnitt Nr.	Bezeichnung	(kurze) Aufgabenbeschreibung (z. B. Was soll damit erreicht werden? Wer ist dafür Verantwortlich?)			Soziales – Teilhabe für Menschen in allen Lebenslagen (Leitlinie 1, Leitlinie 2)	Wirtschaft – Gut leben, arbeiten und einkaufen (Leitlinie 3)	Bauen und Wohnen – Gemeinsam, nachhaltig und durchgrünt (Leitlinie 4, Leitlinie 5)	Infrastruktur – Weitsichtig planen und handeln (Leitlinie 6)	Umwelt – Natur genießen, gesund leben (Leitlinie 7, Leitlinie 8)	Kultur – Bildung, Freizeit und Kunst Raum geben (Leitlinie 9)	Zieldeckungsbeitrag je Aufgabe
2110	Waldschule	Grundschule mit Kernzeitenbetreuung; Etzenrot	Herr Knab	P							
2150	Albert-Schweitzer-Schule	Grund- und Hauptschule mit Werkrealschule, Hausaufgaben, klassenübergreifende Sprachförderung, Internationale Vorbereitungsklasse für Schülerinnen und Schüler ohne Sprachkenntnisse; Reichenbach	Herr Knab	P							
2151	Turnhalle Albert-Schweitzer-Schule	Sportförderung für Schüler der Albert-Schweitzer-Schule	Herr Knab	P							
2151	Turnhalle Albert-Schweitzer-Schule	Bereitstellen einer Sporthalle für den Vereinssport Vereinsförderung;	Herr Knab	F							
2155	Anne-Frank-Schule	Grundschule;Busenbach	Herr Knab	P							
2155	Anne-Frank-Schule	Bereitstellen von Räumen im Neubau für Vereine Vereinsförderung;	Herr Knab	F							
2156	Turnhalle Anne-Frank-Schule	Sportförderung für Schüler der Anne-Frank-Schule	Herr Knab	P							
2156	Turnhalle Anne-Frank-Schule	Bereitstellen einer Sporthalle für den Vereinssport Vereinsförderung;	Herr Knab	F							
2900	Schülerbeförderung	Schülerbeförderung für Schwimmunterricht und Jugendverkehrsschule	Herr Knab	F							
2910	Betreuungsangebote an Schulen	Betreuungsangebote in Reichenbach, Busenbach, Etzenrot; Hortgruppe Albert-Schweitzer-Schule	Herr Knab / Herr Kull	F							
2950	Sonstige schulische Aufgaben	Unfallversicherung, Schulsozialarbeit, Schullandheimaufenthalte	Herr Knab								

Aufgaben der Gemeinde Waldbronn

Bewertung des Wirkungsbeitrages:
0 = kein Beitrag zur Zielerreichung
1 = schwacher Beitrag zur Zielerreichung
2 = mittlerer Beitrag zur Zielerreichung
3 = starker Beitrag zur Zielerreichung

Unterabschnitt Nr.	Bezeichnung	(kurze) Aufgabenbeschreibung (z. B. Was soll damit erreicht werden? Wer ist dafür verantwortlich?)		Soziales – Teilhabe für Menschen in allen Lebenslagen (Leitlinie 1, Leitlinie 2)	Wirtschaft – Gut leben, arbeiten und einkaufen (Leitlinie 3)	Bauen und Wohnen – Gemeinsam, nachhaltig und durchgrünt (Leitlinie 4, Leitlinie 5)	Infrastruktur – Weitsichtig planen und handeln (Leitlinie 6)	Umwelt – Natur genießen, gesund leben (Leitlinie 7, Leitlinie 8)	Kultur – Bildung, Freizeit und Kunst Raum geben (Leitlinie 9)	Zieldeckungsbeitrag je Aufgabe
3000	Verwaltung kultureller Angelegenheiten	Förderung kultureller Vereine (Übernahme der Saalmiete, Vereinsförderung (Jugendliche)); Kulturring Herr Knab	F							
3010	Vereinsheime (Kleine Turnhalle) Reichenbach	Bereitstellen eines Gebäudes als Vereinslokal für den Gesangverein Reichenbach und den Musikverein Reichenbach Vereinsförderung: Herr Knab	F							
3210	Radiomuseum	Bereitstellen eines Gebäudes für den Betrieb eines Radiomuseums; Organisation: Herr Knab	F							
3330	Musikschule	Instrumental- und Vokalunterricht für einzelne Kinder und Gruppen Herr Knab	F							
3330	Musikschule	Bereitstellen von Räumen im Untergeschoss für Vereine: DRK, Acco Musica Vereinsförderung: Herr Knab	F							
3400	Heimatpflege	Faschingsumzug der Gemeinde (jährlich); Unterhaltung der Wegekreuze und Denkmale; Unterhaltung der Heimatstuben (teilweise; ansonsten Verein); Zuschuss für das Straßenfest in Etzenrot (Bühne, GEMA-Gebühren) Herr Knab Faschingsumzug, Straßenfest: Unterhaltung: Technisches Amt	F							
3500	Volkshochschule	Kurse und Veranstaltungen z.B. in den Bereichen Politik, Kultur, Gesundheit, Sprachen Herr Knab	F							
3520	Öffentliche Büchereien	Bücher, Medien z.B. aus den Bereichen Belletristik, Sachbuch, Kinder- und Jugend, Zeitschriften; Online-Verbund eBooks & more Herr Knab	F							

Aufgaben der Gemeinde Waldbronn

Bewertung des Wirkungsbeitrages:
0 = kein Beitrag zur Zielerreichung
1 = schwacher Beitrag zur Zielerreichung
2 = mittlerer Beitrag zur Zielerreichung
3 = starker Beitrag zur Zielerreichung

				V I S I O N E N						
				Soziales	Wirtschaft	Bauen und Wohnen	Infrastruktur	Umwelt	Kultur	Zieldeckungs-beitrag, je Aufgabe
Unter-abschnitt Nr.	Bezeichnung	(kurze) Aufgabenbeschreibung (z. B. Was soll damit erreicht werden? Wer ist dafür verantwortlich?)		Teilhabe für Menschen in allen Lebenslagen	Gut leben, arbeiten und einkaufen	Gemeinsam, nachhaltig und durchgrünt	Weitsichtig planen und handeln	Natur genießen, gesund leben	Bildung, Freizeit und Kunst Raum geben	
				Leitlinie 1 Leitlinie 2	Leitlinie 3	Leitlinie 4 Leitlinie 5	Leitlinie 6	Leitlinie 7 Leitlinie 8	Leitlinie 9	
4000	Sozialamt	Beratung, Entgegennahme und Weiterleitung von Anträgen auf soziale Hilfen; Herr Knab / Herr Schäfer	P							
4360	Betreuung der Asylsuchenden	Beratung, Betreuung, Kontakte zum zuständigen Landratsamt Herr Knab; Unterbringung in gemeindeeigenen und angemieteten Gebäuden Herr Irion, Frau Austen	P							
4591	Kindertagespflege	Zuschuss an den Tageselternverein: Tigerbärgruppen im Waldring; Direktbeteiligung an den Landkreis für den Betrieb von zwei Gruppen Herr Knab / Herr Kull	P							
4600	Jugendtreff	Angebote im Rahmen der Jugendsozialarbeit; Zuschuss an den Trägerverein, Bereitstellen eines Gebäudes Zuschuss, Verwaltung; Herr Knab	F							
4640	Kindergarten Gartenstraße (Schwalbennest)	Förderung der Entwicklung des Kindes zu einer eigenverantwortlichen und gemeinschaftsfähigen Persönlichkeit Herr Knab / Herr Kull	P							
4641	Kindergarten Don Bosco	Förderung der Entwicklung des Kindes zu einer eigenverantwortlichen und gemeinschaftsfähigen Persönlichkeit Herr Knab / Herr Kull	P							
4642	Kindergarten Musikschule (Villa Kinderbunt)	Förderung der Entwicklung des Kindes zu einer eigenverantwortlichen und gemeinschaftsfähigen Persönlichkeit Herr Knab / Herr Kull	P							
4643	Kindergarten St. Elisabeth (ASS)	Förderung der Entwicklung des Kindes zu einer eigenverantwortlichen und gemeinschaftsfähigen Persönlichkeit Herr Knab / Herr Kull	P							

Anlage 3

Aufgaben der Gemeinde Waldbronn

Bewertung des Wirkungsbeitrages:
0 = kein Beitrag zur Zielerreichung
1 = schwacher Beitrag zur Zielerreichung
2 = mittlerer Beitrag zur Zielerreichung
3 = starker Beitrag zur Zielerreichung

VISIONEN

Unterabschnitt Nr.	Bezeichnung	(kurze) Aufgabenbeschreibung (z. B. Was soll damit erreicht werden? Wer ist dafür Verantwortlich?)	Soziales — Teilhabe für Menschen in allen Lebenslagen (Leitlinie 1, Leitlinie 2)	Wirtschaft — Gut leben, arbeiten und einkaufen (Leitlinie 3)	Bauen und Wohnen — Gemeinsam, nachhaltig und durchgrünt (Leitlinie 4, Leitlinie 5)	Infrastruktur — Weitsichtig planen und handeln (Leitlinie 6)	Umwelt — Natur genießen, gesund leben (Leitlinie 7, Leitlinie 8)	Kultur — Bildung, Freizeit und Kunst Raum geben (Leitlinie 9)	Zieldeckungsbeitrag je Aufgabe
4645	Förderung Tageseinrichtungen für Kinder	Förderung der Entwicklung des Kindes zu einer eigenverantwortlichen und gemeinschaftsfähigen Persönlichkeit; Zuschüsse an die Träger von Tageseinrichtungen; Zuschüsse an auswärtige Träger — Herr Knab / Herr Kull	P						
4647	Kindergarten in Anne-Frank-Schule "Waldkleckse"	Förderung der Entwicklung des Kindes zu einer eigenverantwortlichen und gemeinschaftsfähigen Persönlichkeit; Zuschuss an den privaten Träger — Herr Knab / Herr Kull	P						
4648	Kinderhaus "Waldschatz" (an der ASS)	Förderung der Entwicklung des Kindes zu einer eigenverantwortlichen und gemeinschaftsfähigen Persönlichkeit; Kindergarten bei der Albert-Schweitzer-Schule mit U3-Betreuung; Zuschuss an den privaten Träger — Herr Knab / Herr Kull	P						
4700	Förderung der Wohlfahrtspflege	Kinderferienprogramm der Gemeinde; Familienjahr - Kinderseite im Amtsblatt, Einzelveranstaltungen; Zuschuss für Jugendfreizeiten an private Träger (Kirche, Pfadfinder, Schwarzwaldverein); allgemeine sozialpolitische Projekte, Unterstützung freier Träger — Herr Knab	F						
4720	Förderung der Altenarbeit	Allgemeine Sozial- und Lebensberatung sowie Unterstützung alter Menschen, Förderung freier Träger, Seniorennachmittag & Seniorenfasching der Gemeinde — Herr Knab	F						
4722	Altentagesstätte	Bereitstellen und Vermieten eines Gebäudes für die Nutzung als Tagespflege durch die Caritas — Herr Hemberger / Herr Irion	F						

Anlage 3

Aufgaben der Gemeinde Waldbronn

Bewertung des Wirkungsbeitrages:
0 = kein Beitrag zur Zielerreichung
1 = schwacher Beitrag zur Zielerreichung
2 = mittlerer Beitrag zur Zielerreichung
3 = starker Beitrag zur Zielerreichung

Unterabschnitt Nr.	Bezeichnung	(kurze) Aufgabenbeschreibung (z. B. Was soll damit erreicht werden? Wer ist dafür verantwortlich?)		Soziales — Teilhabe für Menschen in allen Lebenslagen (Leitlinie 1, Leitlinie 2)	Wirtschaft — Gut leben, arbeiten und einkaufen (Leitlinie 3)	Bauen und Wohnen — Gemeinsam, nachhaltig und durchgrünt (Leitlinie 4, Leitlinie 5)	Infrastruktur — Weitsichtig planen und handeln (Leitlinie 6)	Umwelt — Natur genießen, gesund leben (Leitlinie 7, Leitlinie 8)	Kultur — Bildung, Freizeit und Kunst Raum geben (Leitlinie 9)	Zieldeckungsbeitrag je Aufgabe
5000	Gesundheitsverwaltung, Gesundheitsämter	Zuschuss an das DRK (Herr Knab); Schädlingsbekämpfung (Herr Hemberger)	P							
5470	Sonstige Einrichtungen u. Maßnahmen der Gesundheitspflege	Vereinsförderung (Jugendliche) (Herr Knab); Leeren der Abfallkörbe (Herr Hemberger)	P							
5500	Förderung des Sports	Förderung des organisierten und nichtorganisierten Sports, Unterstützung des Behindertensportfestes, Vereinsförderung (Jugendliche, Übernahme der Saalmiete, Zuschuss zur Unterhaltung der Sportplätze) Vereinsförderung: (Herr Knab)	F							
5600	Eigene Sportstätten	Bereitstellen und Unterhalten von Sporteinrichtungen: - Stadion mit Naturrasen, Laufbahn, Flutlicht, 5.000 Zuschauer (Reichenbach) - Clubhaus und Sportplatz Etzenrot - Aldi-Sportplatz (Busenbach) - Zuschüsse an Vereine für Pflege und Instandhaltung der Spielflächen - Bolzplätze - Skateanlage - Überlassen einer Tennishalle (Verpachtung) Vereinsförderung (Herr Knab)	F							
5640	Eistreff	Eistreff mit zwei Eislaufhallen, Saison Ende Oktober bis Mai, ca. 80.000 Besucher, vgl. Kurverwaltungsges. mbH (Kurverwaltungsgesellschaft)	F							
5800	Gärtnerei - Park - und Gartenanlagen	Pflege öffentlicher Parkanlagen, Grünflächen, Pflege von Bäumen und Sträuchern, Verbesserung des Ortsbildes und des Klimas vgl. UA 8605 (Herr Hemberger)	F							
5810	Kinderspielplätze	Förderung der körperlichen, geistigen und sozialen Entwicklung, Familiengerechte Wohnumfeldgestaltung (Herr Hemberger)	F							

VISIONEN

XXXV

Aufgaben der Gemeinde Waldbronn

Bewertung des Wirkungsbeitrages:
0 = kein Beitrag zur Zielerreichung
1 = schwacher Beitrag zur Zielerreichung
2 = mittlerer Beitrag zur Zielerreichung
3 = starker Beitrag zur Zielerreichung

Unterabschnitt Nr.	Bezeichnung	(kurze) Aufgabenbeschreibung (z. B. Was soll damit erreicht werden? Wer ist dafür verantwortlich?)		Soziales — Teilhabe für Menschen in allen Lebenslagen (Leitlinie 1, Leitlinie 2)	Wirtschaft — Gut leben, arbeiten und einkaufen (Leitlinie 3)	Bauen und Wohnen — Gemeinsam, nachhaltig und durchgrünt (Leitlinie 4, Leitlinie 5)	Infrastruktur — Weitsichtig planen und handeln (Leitlinie 6)	Umwelt — Natur genießen, gesund leben (Leitlinie 7, Leitlinie 8)	Kultur — Bildung, Freizeit und Kunst Raum geben (Leitlinie 9)	Zieldeckungsbeitrag je Aufgabe
6000	Ortsbauamt	Organisation und Verwaltung aller technischen Bereiche in der Gemeinde - insbesondere Gebäude- und Straßenunterhaltung; Gutachterausschuss — Herr Hemberger, Herr Irion	P							
6100	Orts- und Regionalplanung	Bedarfsgerechte Bereitstellung von Bau- und Freiflächen, Nachhaltige städtebauliche Entwicklung — Herr Irion / Herr Hemberger	P							
6130	Bauordnung	Baugenehmigungen, Gaststättenerlaubnisse, Wohnberechtigungsscheine, Einsicht in Bebauungspläne — Herr Hemberger / Herr Irion	P							
6200	Wohnungsbauförderung, Wohnungsfürsorge	Beratung, Entgegennahme und Weiterleitung von Anträgen — Herr Hemberger	P							
6300	Gemeindestraßen	Planung, Bau und Unterhaltung von Straßen und Wegen, Sicherstellen einer verkehrssicheren Benutzung — Herr Hemberger / Herr Dahlhauser	P							
6700	Straßenbeleuchtung	Sichere Benutzung von Straßen und Wegen während der Nacht — Herr Hemberger / Herr Dahlhauser	P							
6750	Straßenreinigung, Winterdienst	Sichere Benutzung von Straßen und Wegen im Winter, Verbesserung des Ortsbildes — Herr Hemberger	P							
6900	Wasserläufe, Wasserbau	Erhalt und Verbesserung der Qualität der Oberflächengewässer, Hochwasserschutz — Frau Strack / Herr Hemberger	P							

Aufgaben der Gemeinde Waldbronn

Bewertung des Wirkungsbeitrages:
0 = kein Beitrag zur Zielerreichung
1 = schwacher Beitrag zur Zielerreichung
2 = mittlerer Beitrag zur Zielerreichung
3 = starker Beitrag zur Zielerreichung

				VISIONEN									
				Soziales	Wirtschaft	Bauen und Wohnen		Infrastruktur	Umwelt		Kultur		Zieldeckungsbeitrag je Aufgabe
				Teilhabe für Menschen in allen Lebenslagen	Gut leben, arbeiten und einkaufen	Gemeinsam, nachhaltig und durchgrünt		Weitsichtig planen und handeln	Natur genießen, gesund leben		Bildung, Freizeit und Kunst Raum geben		
Unterabschnitt Nr.	Bezeichnung	(kurze) Aufgabenbeschreibung (z. B. Was soll damit erreicht werden? Wer ist dafür verantwortlich?)		Leitlinie 1 / Leitlinie 2	Leitlinie 3	Leitlinie 4 / Leitlinie 5		Leitlinie 6	Leitlinie 7 / Leitlinie 8		Leitlinie 9		
7000	Abwasserbeseitigung	Ableitung und Reinigung von Abwasser, möglichst unschädliche Einleitung in Vorfluter mit möglichst natürlicher Wasserqualität — Herr Dahlhauser / Herr Hemberger	P										
7200	Abfallbeseitigung	Abfallberatung, Bereitstellung und Betrieb der Grünabfallsammelplätze (Etzenrot, Reichenbach) und des Wertstoffhofes sowie das Einsammeln des wilden Mülls — Frau Strack / Herr Hemberger	P										
7310	Wochenmarkt	Bereitstellen der Infrastruktur für einen Markt mit regionalen Anbietern, Versorgung der Einwohner — Herr Knab	F										
7500	Bestattungswesen	Bestattungen in einer würdigen und pietätvollen Art, Bereitstellung von Grabstellen in einer würdigen und stilvollen Gestaltung — Herr Knab	P										
7620	Öffentliche Uhren	Uhr vor dem Rathaus — Herr Hemberger	F										
7700	Bauhof und Fuhrpark	Straßen- und Wegunterhaltung, Grünpflege, Winterdienst, Leistungen für die Abfallbeseitigung, Warten und Bereitstellen von Fahrzeugen und Maschinen — Herr Hemberger	P										
7820	Zuchtierhaltung - Pflegesystem und Besamung -	Zuschüsse an die Kleintierzuchtvereine (bei Jubiläen - letzte Ausgaben in 2015) — Herr Knab	F										
7850	Feldwege, Wirtschaftswege	Bau und Unterhaltung von Feldwegen — Herr Dahlhauser / Herr Hemberger	P										
7910	Wirtschaftsförderung	Schaffen und Sichern dauerhafter Arbeitsplätze, Verbesserung der Wirtschaftsstruktur und des Wirtschafts- und Investitionsklimas, Stärkung der Finanzkraft; — Bürgermeister Masino / Herr Irion	F										
7920	Förderung des öffentlichen Personennahverkehrs	Anteil an der ÖPNV-Finanzierung des Landkreises Karlsruhe — Herr Knab	F										

Aufgaben der Gemeinde Waldbronn

Bewertung des Wirkungsbeitrages:
0 = kein Beitrag zur Zielerreichung
1 = schwacher Beitrag zur Zielerreichung
2 = mittlerer Beitrag zur Zielerreichung
3 = starker Beitrag zur Zielerreichung

							V I S I O N E N						
				Soziales	Wirtschaft	Bauen und Wohnen	Infrastruktur	Umwelt	Kultur	Zieldeckungsbeitrag je Aufgabe
				Teilhabe für Menschen in allen Lebenslagen	Gut leben, arbeiten und einkaufen	Gemeinsam, nachhaltig und durchgrünt	Weitsichtig planen und handeln	Natur genießen, gesund leben	Bildung, Freizeit und Kunst Raum geben	
Unterabschnitt Nr.	Bezeichnung	(kurze) Aufgabenbeschreibung (z. B. Was soll damit erreicht werden? Wer ist dafür verantwortlich?)		Leitlinie 1, Leitlinie 2	Leitlinie 3	Leitlinie 4, Leitlinie 5	Leitlinie 6	Leitlinie 7, Leitlinie 8	Leitlinie 9	
8401	Festhallen und Festplatz	Festhalle Waldbronn, Wiesenfesthalle Etzenrot. Überwiegend für Vereinsfeste genutzt. Nutzungsordnung, Entgelte. Herr Knab	F							
8403	Altes Rathaus Reichenbach (Ratskeller/Polizeiposten)	Verpachten des Gebäudes Kronenstr. 2 - (Gastronomie; Polizeiposten) Herr Irion / Frau Austen	P							
8404	Gesellschaftshaus	Gesellschaftshaus Etzenrot: Verpachtung (Gastronomie), großer Saal im Gesellschaftshaus für Feste und Veranstaltungen; Bereitstellen von Räumen für die Nutzung durch Vereine vgl. Kurverwaltungsges. mbH. Kurverwaltungsgesellschaft	F							
8550	Forstwirtschaftliche Unternehmen	Pflege des Gemeindewaldes, Bereitstellung als Erholungsfläche, Einschlag und Verkauf von Holz. Herr Irion und Frau Austen	P							
8601	Kur- und Badebetriebe	Erheben der Kurtaxe; Zuschuss an die Kurverwaltung für die Kurgastbetreuung; Zuschuss an Albtal Plus (Tourismusgemeinschaft) und Heilbäderverband, Naturparkverein; Infopavillon, Weihnachtsbeleuchtung, Christbäume, Schaukästen, innerörtliche Beschilderung vgl. Kurverwaltungsges. mbH. Bürgermeister Herr Masino / Herr Knab. Herr Thomann (Kurtaxe)	F							
8602	Kurhaus	Im Kurhaus finden Theater, Konzerte, Ausstellungen, Veranstaltungen der Gemeinde (z.B. Bürgerversammlungen) statt; Vermietung von Räumen; Verpachtung (Gastronomie); vgl. Kurverwaltungsges. mbH. Kurverwaltungsgesellschaft	F							

Aufgaben der Gemeinde Waldbronn

Bewertung des Wirkungsbeitrages:
0 = kein Beitrag zur Zielerreichung
1 = schwacher Beitrag zur Zielerreichung
2 = mittlerer Beitrag zur Zielerreichung
3 = starker Beitrag zur Zielerreichung

Unterabschnitt Nr.	Bezeichnung	(kurze) Aufgabenbeschreibung (z. B. Was soll damit erreicht werden? Wer ist dafür verantwortlich?)		VISIONEN Soziales – Teilhabe für Menschen in allen Lebenslagen (Leitlinie 1 / Leitlinie 2)	Wirtschaft – Gut leben, arbeiten und einkaufen (Leitlinie 3)	Bauen und Wohnen – Gemeinsam, nachhaltig und durchgrün (Leitlinie 4 / Leitlinie 5)	Infrastruktur – Weitsichtig planen und handeln (Leitlinie 6)	Umwelt – Natur genießen, gesund leben (Leitlinie 7 / Leitlinie 8)	Kultur – Bildung, Freizeit und Kunst Raum geben (Leitlinie 9)	Zieldeckungsbeitrag je Aufgabe
8603	Kurpark, Musikpavillon	Mit Minigolfanlage mitten im Grünen, einer fünf Kilometer langen Walking-Runde, schönem Spielplatz, Kneippbecken, Tennisplätzen, einer Schachanlage, dem Rutengänger-Lehrpfad sowie einem blühenden und duftenden Kräutergarten. Herr Hemberger	F							
8604	Kiosk, Minigolf, Tennisplätze	Minigolf im Kurpark, Kiosk im Kurpark, Tennisplatz am Kurpark, Etzenroter Str. 8. Herr Hemberger	F							
8605	Gärtnerei, Park- und Gartenanlagen	Pflege öffentlicher Parkanlagen, Grünflächen, Pflege von Bäumen und Sträuchern, Verbesserung des Ortsbildes und des Klimas vgl. UA 5800 (Kurpark vgl. 8602) Herr Hemberger	F							
8606	Freibäder	Freibad als Freizeitangebot für die Einwohner, vgl. Kurverwaltungsges. mbH Kurverwaltungsgesellschaft	F							
8607	Sonstige Einrichtungen, Schutzhütten u.a.	Grillplätze Schutzhütte Leoweg, Busenbach; Schutzhütte Römerweg, Busenbach Herr Knab	F							
8608	Thermalwasserversorgung	Förderung von Heilwasser aus der gemeindeeigenen Quelle Herr Irion / Herr Dahlhauser	F							
8710	Waldbronner Woche	Waldbronner Woche mit Kurparkfest; Varieté, Kabarett und Konzerte, Budenzauber Herr Knab	F							
8805	Sonstiges allgemeines Grundvermögen	Bewirtschaftung bebauter und unbebauter Grundstücke; u.a. Busenbacher Str. 3 (Vermietung Wohnungen); Herr Irion / Frau Austen								
8808	Sonstiges allg. Grundvermögen (Ust-pflichtig)	Bereitstellen und Verpachten von Garagen an die DLRG Vereinsförderung Herr Knab Liegenschaftsverwaltung Herr Irion / Frau Austen								

Aufgaben der Gemeinde Waldbronn

Bewertung des Wirkungsbeitrages:
0 = kein Beitrag zur Zielerreichung
1 = schwacher Beitrag zur Zielerreichung
2 = mittlerer Beitrag zur Zielerreichung
3 = starker Beitrag zur Zielerreichung

			VISIONEN					
		Soziales	Wirtschaft	Bauen und Wohnen	Infrastruktur	Umwelt	Kultur	
		Teilhabe für Menschen in allen Lebenslagen	Gut leben, arbeiten und einkaufen	Gemeinsam, nachhaltig und durchgrünt	Weitsichtig planen und handeln	Natur genießen, gesund leben	Bildung, Freizeit und Kunst Raum geben	Zieldeckungsbeitrag je Aufgabe
Unterabschnitt Nr.	Bezeichnung	Leitlinie 1 Leitlinie 2	Leitlinie 3	Leitlinie 4 Leitlinie 5	Leitlinie 6	Leitlinie 7 Leitlinie 8	Leitlinie 9	
		(kurze) Aufgabenbeschreibung (z. B. Was soll damit erreicht werden? Wer ist dafür verantwortlich?)						
Eigenb.	Gemeindewerke Waldbronn (Wasserversorgung)	Bereitstellung von Trinkwasser in hygienisch einwandfreier Qualität in der erforderlichen Menge, Hinwirken auf einen ressourcenschonenden Wasserverbrauch, Sicherung der Wasservorkommen — Herr Thomann / Herr Dahlhauser						

XL

Anlage 4

Kurzanleitung zum Ausfüllen der Wirkungsbeitragsanalyse (WBA)

Mit dieser Kurzanleitung möchten wir Ihnen den Aufbau der WBA erläutern und Ihnen einige Hinweise geben, was beim Ausfüllen zu beachten ist.

<u>Grundsätzliches zum Aufbau:</u>

Die WBA besteht aus insgesamt acht Seiten. Je Seite sind jeweils die verschiedenen Produktbereiche (11 bis 61) Ihres Haushalts mit den entsprechenden Produktgruppen dargestellt. Die Darstellung der Produktgruppen beschränkt sich dabei auf jene, welche mit ihrer Wirkung nach außen gerichtet sind (Geschäftsprozesse). Die Produktgruppen, welche ihre Wirkung lediglich innerhalb der Verwaltung entfalten (Management- und Supportprozesse) werden erst zu einem späteren Zeitpunkt betrachtet. Wo es aufgrund von örtlichen Schwerpunkten oder Besonderheiten notwendig war, sind auch einzelne Produkte dargestellt. Die Zeile für die Produktgruppe ist dann grau hinterlegt und muss nicht bewertet werden. Die Produktgruppe 12.10 "Statistik und Wahlen" muss ebenfalls nicht bewertet werden, da hier lediglich weisungsgebundene Leistungen erbracht werden.
Neben der Bezeichnung der Produktgruppe finden Sie eine kurze Leistungsbeschreibung, sowie die verantwortlichen MitarbeiterInnen. Die folgenden fünf Spalten beschreiben die einzelnen Zielfelder aus Ihrem Leitbild. Für nähere Einzelheiten hierzu schauen Sie sich bitte das beiliegende Leitbild an.

<u>Zum Ausfüllen:</u>

In der linken oberen Ecke jeder Seite sehen Sie eine Bewertungsskala von 0 bis 3. Hierbei steht
        0 - für keinen Beitrag zur Zielerreichung,
        1 - für einen schwachen Beitrag zur Zielerreichung,
        2 - für einen mittleren Beitrag zur Zielerreichung und
        3 - für einen starken Beitrag zur Zielerreichung.
Ihre Aufgabe ist es nun jede Produktgruppe in Bezug auf ihre Wirkung auf das entsprechende Zielfeld und die dahinterstehenden strategischen Ziele zu bewerten.

Ein kurzes Beispiel:
Welchen Wirkungsbeitrag leistet die Produktgruppe 12.60 "Brandschutz" zur Zielerreichung in den Zielfeldern "Lebensqualität", "Familie, Generation, Bildung", "Natur / Landwirtschaft", "Wirtschaft" und "Sport, Kultur, Freizeit"?
Würden Sie nun die Zahlen 0 – 1 – 2 – 3 – 0 eintragen, würde dies bedeuten, dass die Produktgruppe 12.60 keinen Beitrag zur Zielerreichung im Zielfeld "Lebensqualität", einen schwachen Beitrag zur Zielerreichung im Zielfeld "Familie, Generation, Bildung", usw. leistet.

Sie können nun die einzelnen Produktgruppen der Reihe nach durchgehen und jeweils in Bezug auf Ihren Wirkungsbeitrag bewerten.

Anschließend wird der Wert mit der Zielgewichtung (ergibt sich aus der Gewichtung aus der Strategieklausur) multipliziert. Die Summe dieser Werte ergibt den Zieldeckungsbeitrag je Produktgruppe (dies berechnen wir für Sie).

<u>Sonstige Hinweise:</u>

- Bitte bewerten Sie die Leistungen objektiv, aber auf Grundlage Ihrer persönlichen Meinung.
- Nutzen Sie die Ansprechpartner der Verwaltung für eventuelle Fragen zu den jeweiligen Produktgruppen.
- Für weitere Fragen zur WBA oder zum weiteren Ablauf stehen wir Ihnen gerne zur Verfügung.

Philip Kaufmann, Sebastian Cott

Kurzanleitung zum Ausfüllen der Wirkungsbeitragsanalyse (WBA)

Mit dieser Kurzanleitung möchten wir Ihnen den Aufbau der WBA erläutern und Ihnen einige Hinweise geben, was beim Ausfüllen zu beachten ist.

Grundsätzliches zum Aufbau:

Die WBA besteht aus insgesamt zehn Seiten. Je Seite sind jeweils ein Einzelplan (0 bis 9) Ihres Haushalts mit den entsprechenden Unterabschnitten, sowie Ihre Eigenbetriebe dargestellt.
Die Darstellung der Unterabschnitte beschränkt sich dabei auf jene Aufgaben, welche mit ihrer Wirkung nach außen gerichtet sind (Geschäftsprozesse). Die Aufgaben, welche ihre Wirkung lediglich innerhalb der Verwaltung entfalten (Management- und Supportprozesse) werden erst zu einem späteren Zeitpunkt betrachtet.
Neben der Bezeichnung des Unterabschnittes finden Sie eine kurze Aufgabenbeschreibung, sowie die verantwortlichen MitarbeiterInnen. Der vierten Spalte können Sie jeweils ein F (=freiwillige Aufgabe) oder ein P (=Pflicht- bzw. Weisungsaufgabe) entnehmen, sofern der jeweilige Unterabschnitt eindeutig zuzuordnen ist.
Die folgenden sechs Spalten beschreiben die einzelnen Visionen aus Ihrem Leitbild. Für nähere Einzelheiten hierzu schauen Sie sich bitte das beiliegende Leitbild an.

Zum Ausfüllen:

In der linken oberen Ecke jeder Seite sehen Sie eine Bewertungsskala von 0 bis 3. Hierbei steht
> 0 - für keinen Beitrag zur Zielerreichung,
> 1 - für einen schwachen Beitrag zur Zielerreichung,
> 2 - für einen mittleren Beitrag zur Zielerreichung und
> 3 - für einen starken Beitrag zur Zielerreichung.

Ihre Aufgabe ist es nun jeden Unterabschnittes in Bezug auf seine Wirkung auf die entsprechende Vision und die dahinterstehenden strategischen Ziele zu bewerten.

Ein kurzes Beispiel:
Welchen Wirkungsbeitrag leistet der Unterabschnitt „2910 – Betreuungsangebote an Schulen" zur Zielerreichung in der Vision Soziales, Wirtschaft, Bauen und Wohnen, Infrastruktur, Umwelt und Kultur?
Würden Sie nun die Zahlen 0 – 1 – 2 – 3 – 0 – 1 eintragen, würde dies bedeuten, dass der Unterabschnitt 2910 keinen Beitrag zur Zielerreichung im Bereich Soziales, einen schwachen Beitrag zur Zielerreichung im Bereich Wirtschaft, usw. leistet.

Sie können nun die einzelnen Unterabschnitte der Reihe nach durchgehen und jeweils in Bezug auf Ihren Wirkungsbeitrag bewerten. Der Zieldeckungsbeitrag je Aufgabe ergibt sich aus der Summe der einzelnen Wirkungsbeiträge; diesen berechnen wir anschließend für Sie.

Sonstige Hinweise:

- Bitte bewerten Sie die Aufgaben objektiv, aber auf Grundlage Ihrer persönlichen Meinung.
- Nutzen Sie die Ansprechpartner der Verwaltung für eventuelle Fragen zu den jeweiligen Unterabschnitten.
- Für weitere Fragen zur WBA oder zum weiteren Ablauf stehen wir Ihnen gerne zur Verfügung.

Prof. Wolfgang Hafner, Prof. Dr. Roland Böhmer, Sebastian Cott

Leistungen der Gemeinde Willstätt

Bewertung des Wirkungsbeitrages:
0 = kein Beitrag zur Zielerreichung
1 = schwacher Beitrag zur Zielerreichung
2 = mittlerer Beitrag zur Zielerreichung
3 = starker Beitrag zur Zielerreichung

Strategische Ziele

Produkt-(gruppe)	Bezeichnung Produktgruppe / Produkt	(kurze) Produkt(gruppen)informationen (Basis: Produkt(gruppen)beschreibung) (z. B. Wozu gibt es die Produktgruppe? Was soll damit erreicht werden? Wer ist dafür verantwortlich?)	ZF 2 Lebensqualität — Grundversorgung mit Ärzten, Lebensmitteln, Verwaltung, etc. in allen Ortsteilen	ZF 1 Familie Generation, Bildung — Mensa mit gesundem Essensangebot und Nutzungskonzept Mediathek erstellen	ZF 4 Natur / Landwirtschaft — Stellenwert Landwirtsch. erhöhen	ZF 3 Wirtschaft — Wander- u. Radwege ausbauen	ZF 5 Sport, Kultur, Freizeit — Vereine und Kultur stärken	Zieldeckungsbeitrag je Produkt
		Zielgewichtung	5	4	3	2	1	
11.33	Grundstücksmanagement	Erwerb, Veräußerung und Tausch von bebauten und unbebauten Grundstücken, Abwicklung Erbbaurecht, Miet- und Pachtverträge; Wahrnehmung der Rechte und Pflichten der Gemeinde als Grundstückseigentümerin; Hr. Bosch	31	24	32	35	8	425
21.10.01	Grundschulen	Sicherstellung und Weiterentwicklung eines bedarfsgerechten Schul- und Unterrichtsbetriebes durch Schaffung der sächlichen und personellen Voraussetzungen; HAL Hr. Leupolz	41	41	2	13	22	423
21.10.10	Gemeinschaftsschule	Sicherstellung und Weiterentwicklung eines bedarfsgerechten Schul- und Unterrichtsbetriebes durch Schaffung der sächlichen und personellen Voraussetzungen; hierzu zählt auch die Errichtung und der Betrieb einer Mensa HAL Hr. Leupolz	40	41	3	14	22	423
51.10	Gemeindeentwicklung, Städtebauliche Planung	Strategien, Konzepte, Stellungnahmen und Steuerung der Gemeindeentwicklung zur Sicherung einer ausgewogenen sozialen, ökonomischen und städtebaulichen Entwicklung; hier: Neuer Ortsmitten, Sanierungsgebiet; BAL Hr. Schönle	35	26	25	24	16	418
54.10	Gemeindestraßen	Schaffung und Erhaltung von Verkehrsinfrastruktur und Aufrechterhaltung der Verkehrssicherheit; Hr. Bosch	34	20	28	32	8	406
55.10	Öffentliches Grün	Unterhaltung von Grün- und Parkanlagen zur Erholung im Wohn- und Arbeitsumfeld und zur Förderung und Weiterentwicklung der Gartenkultur; Hr. Bosch	34	20	24	25	23	395
12.60	Brandschutz	Brände und deren Gefahren bekämpfen, Menschen, Tiere, Sachen und Umwelt schützen bzw. Schäden daran vermeiden; Fr. Lusch	30	26	24	18	26	388

Bewertung des Wirkungsbeitrages:
0 = kein Beitrag zur Zielerreichung
1 = schwacher Beitrag zur Zielerreichung
2 = mittlerer Beitrag zur Zielerreichung
3 = starker Beitrag zur Zielerreichung

(kurze) Produkt(gruppen)informationen (Basis: Produkt(gruppen)beschreibung)
(z. B. Wozu gibt es die Produktgruppe? Was soll damit erreicht werden? Wer ist dafür verantwortlich?)

Strategische Ziele

Produkt-(gruppe)	Bezeichnung Produktgruppe / Produkt	Zielgewichtung	ZF 2 Lebens-qualität	ZF 1 Familie, Generation, Bildung	ZF 4 Natur / Landwirt-schaft	ZF 3 Wirtschaft	ZF 5 Sport, Kultur, Freizeit	Zieldeckungs-beitrag je Produkt
			Grundversorgung mit Ärzten, Lebensmitteln, Verwaltung, etc. in allen Ortsteilen	Mensa mit gesundem Essensangebot und Nutzungskonzept Mediathek erstellen	Stellenwert Landwirtsch. erhöhen	Wander- u. Radwege ausbauen	Vereine und Kultur stärken	
			5	4	3	2	1	
21.40	Schülerbeförderung	Organisation und Abwicklung der Schülerbeförderung; Fr. Wanders	34	38	4	18	9	379
57.10	Wirtschaftsförderung	Förderung der Einkaufszentralität, Verbesserung der Standortfaktoren, Vernetzung Wirtschaft und Kultur, Verbesserung der Wirtschaftsstruktur und des Wirtschafts- und Investitionsklimas; Hr. Hemler	35	23	16	25	13	378
54.70	ÖPNV	Förderung von Angeboten des öffentlichen Personen-Nahverkehrs (ÖPNV) und der ÖPNV-Infrastruktur zur Sicherstellung eines bürgerfreundlichen, attraktiven ÖPNV-Angebots; Fr. Wanders	35	31	4	22	14	369
12.80	Katastrophenschutz	Präventive Gefahrenabwehr, Katastrophenpläne, Bevölkerungsschutz; Schutz des Lebensraumes der Einwohner und der Umwelt; Fr. Lusch	28	22	25	19	19	360
54.50	Straßenreinigung und Winterdienst	Beseitigung von Schmutz, Abfall und Wildwuchs auf allen als „Fahrbahn" gewidmeten Verkehrsflächen, Geh- und Radwegen, öffentlichen und privaten Plätzen, Räumen und Streuen im Rahmen des Winterdienstes; Hr. Bosch	32	18	24	25	3	357
11.30	Presse- und Öffentlichkeitsarbeit	Öffentliche Darstellung in den Medien; Medienbeobachtung und -auswertung, Intranet, Internet, "Mitteilungsblatt Willstätt"; Hr. Hemler	23	31	12	23	33	354
55.50	Forstwirtschaft	Pflege und Bewirtschaftung des gemeindeeigenen Waldes, Biotop- und Artenschutz, Maßnahmen zur Förderung der Nutzung des Waldes als Naherholungsgebiet; Hr. Weis	27	17	36	14	14	353
36.50	Tageseinrichtungen für Kinder	Bereitstellung von Kindergärten und -krippen sowie Betreuung und Vermittlung von Bildung für Kinder von 0-6 Jahren durch Fachpersonal; Fr. Wanders	35	33	1	15	12	352
41.40	Maßnahmen der Gesundheitspflege	Gesundheitsförderung und Prävention, Bekämpfung gesundheitsrelevanter äußerer Umwelteinflüsse, Schädlingsbekämpfung; HAL Hr. Leupolz	32	23	21	13	10	351
12.21	Verkehrswesen	Verkehrslenkung, -regelung und -überwachung, Kontrolle des ruhenden und fließenden Verkehrs; Ordnungswidrigkeitsanzeigen; Fr. Ruf	31	21	17	20	12	342
55.20	Gewässerschutz und Öffentliche Gewässer	Maßnahmen zum Schutz des oberirdischen Gewässer und des Grundwassers sowie des Hochwasserschutzes insbesondere durch die Bereitstellung, Unterhaltung, Instandsetzung und den Betrieb konstruktiver Anlagen und kommunaler Gewässer; BAL Hr. Schöne	27	15	33	17	13	341
55.40	Naturschutz und Landschaftspflege	Bereitstellung und Unterhaltung von öffentlichen Natur- und Landschafts(schutz)-Flächen und Flächen von besonderer ökologischer Bedeutung; Hr. Bosch	27	13	36	17	11	340

Bewertung des Wirkungsbeitrages:
0 = kein Beitrag zur Zielerreichung
1 = schwacher Beitrag zur Zielerreichung
2 = mittlerer Beitrag zur Zielerreichung
3 = starker Beitrag zur Zielerreichung

			Strategische Ziele					
			ZF 2 Lebensqualität — Grundversorgung mit Ärzten, Lebensmitteln, Verwaltung, etc. in allen Ortsteilen	**ZF 1** Familie, Generation, Bildung — Mensa mit gesundem Essensangebot und Nutzungskonzept Mediathek erstellen	**ZF 4** Natur / Landwirtschaft — Stellenwert Landwirtsch. erhöhen	**ZF 3** Wirtschaft — Wander- u. Radwege ausbauen	**ZF 5** Sport, Kultur, Freizeit — Vereine und Kultur stärken	**Zieldeckungs-beitrag je Produkt**
Produkt-(gruppe)	**Bezeichnung Produktgruppe / Produkt**	**(kurze) Produkt(gruppen)informationen** (Basis: Produkt(gruppen)beschreibung) (z. B. Wozu gibt es die Produktgruppe? Was soll damit erreicht werden? Wer ist dafür verantwortlich?) **Zielgewichtung**	5	4	3	2	1	
53.60	Breitbandversorgung	Konzeption zur Umsetzung einer flächendeckenden Breitbandversorgung zur Sicherstellung eines möglichst flächendeckenden Zugangs zur Breitbandtechnologie; BAL Hr. Schönle	29	21	16	23	9	332
51.11	Flächen- und grundstücksbezogene Daten	Bereitstellung von Flurstück- und Gebäudedaten, Neuordnung bebauter/unbebauter Grundstücke, Gutachten über den Verkehrswert von Grundstücken und von Rechten an Grundstücken; BAL Hr. Schönle	31	18	19	21	5	331
52.10	Bauordnung	Wahrung der bauordnungs- und bauplanungsrechtlichen und sonstigen von der Baurechtsbehörde zu prüfenden öffentlich-rechtlichen Bestimmungen sowie Schaffung von Rechtssicherheit für den Bauherrn; BAL Hr. Schönle	31	19	20	17	4	329
52.20	Wohnungsbauförderung und Wohnungsversorgung	Ausstellung von Wohnungsberechtigungsscheinen, Förderung von Mietwohnungsausbau, Wohneigentum und Modernisierungs-, Schallschutz- und Energiesparmaßnahmen; Hr. Baaß	34	27	5	15	5	328
53.30	Wasserversorgung	Die Wasserversorgung der Gemeinde Willstätt ist in einem Eigenbetrieb als wirtschaftliches Unternehmen ausgegliedert; Konzessionsabgabe; Sicherstellung der Wasserversorgung; RAL Hr. Kaufmann	28	19	15	21	13	316
11.32	Abgabewesen	Festsetzung und Erhebung der Grundsteuer A und B, Gewerbesteuer, Hundesteuer, Vergnügungssteuer und der sonstigen Abgaben zur Erzielung von Erträgen zur Deckung der Aufwendungen des Gemeindehaushalts; Fr. Heidt	17	27	16	28	14	311
42.10	Förderung des Sports	Förderung des Sports durch die Bereitstellung eines bedarfsgerechten und attraktiven Sportangebots; Hr. Hemler	27	24	5	14	35	309
36.20.04	Einrichtungen der Jugendarbeit	Bereitstellung von Einrichtungen der Jugendarbeit; Dazu gehören neben den Kosten für Errichtung, Unterhaltung und Betrieb der Einrichtungen auch die Aufwendungen für das Personal	29	29	1	8	22	302
57.50	Tourismus	Erarbeiten einer ortsspezifischen Konzeption zur Gewinnung von Kunden/Gästen und Steigerung der örtlichen Attraktivität für Einheimische und Gäste; Hr. Hemler	26	16	13	23	13	292
42.41.01	Gedeckte Sportflächen bis 27 m x 45 m	Bereitstellung, Unterhaltung, Instandhaltung und Betrieb von gedeckten Sportflächen bis zu einer Größe von 27m x 45m in Gymnastikräumen, Turn- und Sporthallen und Bezirkssporthallen	29	22	1	10	35	291

Bewertung des Wirkungsbeitrages:
0 = kein Beitrag zur Zielerreichung
1 = schwacher Beitrag zur Zielerreichung
2 = mittlerer Beitrag zur Zielerreichung
3 = starker Beitrag zur Zielerreichung

Strategische Ziele

(kurze) Produkt(gruppen)information (Basis: Produkt(gruppen)beschreibung) (z. B. Wozu gibt es die Produktgruppe? Was soll damit erreicht werden? Wer ist dafür verantwortlich?)

Produkt-(gruppe)	Bezeichnung Produktgruppe / Produkt	(Produktinformation)	ZF 2 Lebens-qualität — Grundversorgung mit Ärzten, Lebensmitteln, Verwaltung, etc.	ZF 1 Familie Generation, Bildung — Mensa mit gesundem Essensangebot und Nutzungskonzept Mediathek erstellen	ZF 4 Natur / Landwirtschaft — Stellenwert Landwirtsch. erhöhen	ZF 3 Wirtschaft — Wander- u. Radwege ausbauen	ZF 5 Sport, Kultur, Freizeit — Vereine und Kultur stärken	Zieldeckungs-beitrag je Produkt
		Zielgewichtung	5	4	3	2	1	
56.10	Umweltschutzmaßnahmen	Altlastangelegenheiten, Nachhaltige Sicherung oder Wiederherstellung der Funktionen des Bodens, Nachhaltiges Flächenmanagement; BAL Hr. Schönle	23	8	34	18	6	291
57.30	Märkte, Festhallen und Festplätze	Planung der Wochen- und Jahrmärkte, Marktorganisation und Marktaufsicht, privatrechtliche Vermietung und Verpachtung von Festhallen und Festplätzen, sowie deren Unterhaltung; Hr. Hemler	31	16	8	15	18	291
21.50	Sonstige Schulische Aufgaben und Einrichtungen	Veröffentlichungen, Schulberichte, Durchführung von Veranstaltungen; ideelle und materielle Zielsetzung des Schulträgers transparent machen, Image der Schulen verbessern und stärken; HAL Hr. Leupolz	21	31	4	12	18	283
42.41.02	Freisportanlagen	Bereitstellung, Unterhaltung, Instandhaltung und Betrieb von Freisportanlagen z. B. Klein- und Normalspielfelder sowie leichtathletische Anlagen. Zu diesem Produkt gehören auch Neben- und Betriebsanlagen	29	21	1	10	31	283
12.20	Ordnungswesen	Unterbringen von Obdachlosen in Unterkünften, Gefahrenabwehr bei Veranstaltungen für die Öffentlichkeit, Waffen- und Sprengstoffrecht, Gaststätten- und Gewerbewesen, Fischereischeine; Fr. Lusch	29	16	6	14	25	280
27.20	Mediathek	Bereitstellung von Medien und Informationen aller Art (z.B. Bücher, CDs, DVDs, Videos, Wanderkarten, Hörbücher); Fr. Koloska	25	30	2	4	16	275
53.10	Elektrizitätsversorgung	Abschluss von Konzessionsverträgen zwischen dem Netzbetreiber und der Kommune zur Sicherstellung der Elektrizitätsversorgung; RAL Hr. Kaufmann	23	20	11	18	7	271
54.60	Parkierungseinrichtungen	Bereitstellung, Betrieb und Unterhaltung der Ausstattung von Parkierungseinrichtungen; Fr. Ruf	27	15	7	21	9	267
53.20	Gasversorgung	Abschluss von Konzessionsverträgen zwischen dem Netzbetreiber und der Kommune zur Sicherstellung der Gasversorgung; RAL Hr. Kaufmann	21	18	12	17	8	255
54.90	Öffentliche Toilettenanlagen	Bereitstellung, Betrieb, Unterhaltung und Reinigung der öffentlichen Toilettenanlagen; Hr. Bosch	30	12	1	12	26	251
36.20.02	Jugendsozialarbeit, Jugendsozialarbeit an Schulen im Rahmen SGB VIII	Förderung von jungen Menschen, die zum Ausgleich sozialer Benachteiligungen oder zur Überwindung individueller Be-einträchtigungen in erhöhtem Maße auf Unterstützung angewiesen sind, nach § 13 SGB VIII; Hr. Wagner	26	23	1	3	10	241

Bewertung des Wirkungsbeitrages:
0 = kein Beitrag zur Zielerreichung
1 = schwacher Beitrag zur Zielerreichung
2 = mittlerer Beitrag zur Zielerreichung
3 = starker Beitrag zur Zielerreichung

Strategische Ziele

Produkt(gruppe)	Bezeichnung Produktgruppe / Produkt	(kurze) Produkt(gruppen)informationen (Basis: Produkt(gruppen)beschreibung) (z. B. Wozu gibt es die Produktgruppe? Was soll damit erreicht werden? Wer ist dafür verantwortlich?)	ZF 2 Lebensqualität — Grundversorgung mit Ärzten, Lebensmitteln, Verwaltung, etc. in allen Ortsteilen	ZF 1 Familie Generation, Bildung — Mensa mit gesundem Essenangebot und Nutzungskonzept und Mediathek erstellen	ZF 4 Natur / Landwirtschaft — Stellenwert Landwirtsch. erhöhen	ZF 3 Wirtschaft — Wander- u. Radwege ausbauen	ZF 5 Sport, Kultur, Freizeit — Vereine und Kultur stärken	Zieldeckungsbeitrag je Produkt
	Zielgewichtung		5	4	3	2	1	
12.25	Sozialversicherung	Unterstützung bei der Antragstellung in Sozialversicherungsangelegenheiten, insb. Rentenantrag sowie Erteilung von Auskünften darin; Fr. Ruf	28	17	6	2	4	234
31.80	Sonstige soziale Hilfen und Leistungen	Sozial- und Lebensberatung sowie Unterstützung alter Menschen bei der Teilnahme am Leben in der Gesellschaft; Fr. Birk	26	19	0	4	17	231
28.10	Sonstige Kulturpflege	Konzeption, Planung, Finanzierung, Organisation und Abwicklung bzw. Durchführung von Veranstaltungen, Willstätter Kulturtage; HAL Hr. Leupolz	22	14	5	8	26	223
55.30	Friedhofs- und Bestattungswesen	Bestattung aller Personen, die bei ihrem Ableben Einwohner der Gemeinde waren, sowie der in der Gemeinde verstorbenen oder tot aufgefundenen ohne Wohnsitz oder mit unbekanntem Wohnsitz; Frau Arbogast	28	15	2	1	5	213
25.21	Archiv	Übernahme und Erschließung der aufbewahrungswürdigen Unterlagen der Kommune, Publikationen zur Gemeindegeschichte; HAL Hr. Leupolz	14	21	7	6	19	206
31.60	Förderung von Trägern der Wohlfahrtspflege	Förderung und Unterstützung der freien Träger bei Erfüllung von sozialen Aufgaben im Bereich der Jugend- und Familienfürsorge; hier u.a.: Zuschüsse an Tagesmütterverein, DRK und Sozial-Station HAL Hr. Leupolz	22	20	0	2	11	205
52.30	Denkmalschutz	Kulturdenkmale schützen und pflegen, den Zustand der Kulturdenkmale überwachen; Hr. Baaß	24	12	2	2	7	185
12.23	Personenstandswesen	Verwaltung des Standesamtswesens - Eheschließungen, Führen des Familienbuchs, Beurkundungen, die Feststellung von Erben und Nachlass sowie Nachlasssicherung, Eintragung der Lebenspartnerschaft; Fr. Ruf	24	9	1	2	4	167
31.40.05	Soziale Einrichtungen für Wohnungslose	Hierunter fallen insbesondere Obdachlosenheime und Notunterkünfte für Obdachlose; Fr. Lusch	24	9	0	3	5	167
26.20	Musikpflege	Gewährung eines Kommunalbeitrages für die Musikschule Offenburg sowie ggf. Zuschüsse für Beschallungsanlagen; HAL Hr. Leupolz	16	15	1	1	21	166
12.22	Einwohnerwesen	Verarbeitung melderechtlicher Vorgänge, Ausweis- und Reisedokumente, Lebensbescheinigungen, Beratung zu Fragen der Staatsangehörigkeit; Fr. Lusch	18	16	1	1	4	163
31.40.07	Soziale Einrichtungen für Flüchtlinge und Asylbewerber/-innen und Asylberechtigte	Anschlussunterbringung, Beratung durch Städte und Gemeinden und damit verbundene Maßnahmen; Fr. Lusch	20	10	0	7	9	163
12.24	Kommunale Grundbucheinsichtsstelle	Örtliche Einsichtnahmestelle des Grundbuchamtes; Fr. Lusch	10	2	20	14	1	147
29.10	Förderung von Kirchen	Allgemeine Förderung von Religionsgemeinschaften, Erfüllung von Verpflichtungen, z. B. zur Unterhaltung kirchlicher Bauten; HAL Hr. Leupolz	18	7	0	0	8	126

Bewertung des Wirkungsbeitrages:

0 = kein Beitrag zur Zielerreichung
1 = schwacher Beitrag zur Zielerreichung
2 = mittlerer Beitrag zur Zielerreichung
3 = starker Beitrag zur Zielerreichung

Strategische Ziele

Produkt-(gruppe)	Bezeichnung Produktgruppe / Produkt	ZF 2 Lebens-qualität	ZF 1 Familie Generation, Bildung	ZF 4 Natur / Landwirt-schaft	ZF 3 Wirtschaft	ZF 5 Sport, Kultur, Freizeit	Zieldeckungs-beitrag je Produkt
	(kurze) Produkt(gruppen)informationen (Basis: Produkt(gruppen)beschreibung) (z. B. Wozu gibt es die Produktgruppe? Was soll damit erreicht werden? Wer ist dafür Verantwortlich?)	Grundversorgung mit Ärzten, Lebensmitteln, Verwaltung, etc. in allen Ortsteilen	Mensa mit gesundem Essensangebot und Nutzungskonzept Mediathek erstellen	Stellenwert Landwirtsch. erhöhen	Wander- u. Radwege ausbauen	Vereine und Kultur stärken	
	Zielgewichtung	5	4	3	2	1	
12.10	Statistik und Wahlen Erhebung von Daten für Planungs-, Verwaltungs- und Organisationszwecke der staatlichen Institutionen und der Kommune, Vorbereitung und Durchführung von Wahlen, Volksabstimmungen und Bürgerentscheiden; Fr. Edinger				nicht bewertet da Weisungsaufgaben		
	Summe	1471	1101	610	766	758	

Bewertung des Wirkungsbeitrages:
0 = kein Beitrag zur Zielerreichung
1 = schwacher Beitrag zur Zielerreichung
2 = mittlerer Beitrag zur Zielerreichung
3 = starker Beitrag zur Zielerreichung

Unterabschnitt Nr.	Bezeichnung	(kurze) Aufgabenbeschreibung (z. B. Was soll damit erreicht werden? Wer ist dafür Verantwortlich?)		V I S I O N E N						
				Soziales	Wirtschaft	Bauen und Wohnen	Infrastruktur	Umwelt	Kultur	Zieldeckungsbeitrag je Produkt
				Teilhabe für Menschen in allen Lebenslagen	Gut leben, arbeiten und einkaufen	Gemeinsam, nachhaltig und durchgrünt	Weitsichtig planen und handeln	Natur genießen, gesund leben	Bildung, Freizeit und Kunst Raum geben	
				Leitlinie 1 / Leitlinie 2	Leitlinie 3	Leitlinie 4 / Leitlinie 5	Leitlinie 6	Leitlinie 7 / Leitlinie 8	Leitlinie 9	
6300	Gemeindestraßen	Planung, Bau und Unterhaltung von Straßen und Wegen, Sicherstellen einer verkehrssicheren Benutzung — Herr Hemberger / Herr Dahhauser	P	26	43	43	45	21	6	184
6130	Bauordnung	Baugenehmigungen, Gaststättenerlaubnisse, Wohnberechtigungsscheine, Einsicht in Bebauungspläne — Herr Hemberger / Herr Irion	F	26	37	44	39	24	10	180
6100	Orts- und Regionalplanung	Bedarfsgerechte Bereitstellung von Bau- und Freiflächen, Nachhaltige städtebauliche Entwicklung — Herr Irion / Herr Hemberger	P/F	30	34	44	41	22	8	179
7920	Förderung des öffentlichen Personennahverkehrs	Anteil an der ÖPNV-Finanzierung des Landkreises Karlsruhe — Herr Knab	F	40	29	21	39	36	10	175
6000	Ortsbauamt	Organisation und Verwaltung aller technischen Bereiche in der Gemeinde - insbesondere Gebäude- und Straßenunterhaltung — Herr Hemberger — Gutachterausschuss — Herr Irion	P	17	34	44	40	25	10	170
5800	Gärtnerei - Park- und Gartenanlagen	Pflege öffentlicher Parkanlagen, Grünflächen, Pflege von Bäumen und Sträuchern, Verbesserung des Ortsbildes und des Klimas vgl. UA 8605 — Herr Hemberger	F	33	18	26	28	43	22	170
7000	Abwasserbeseitigung	Ableitung und Reinigung von Abwasser, möglichst unschädliche Einleitung in Vorfluter mit möglichst natürlicher Wasserqualität — Herr Dahhauser / Herr Hemberger	P	19	23	38	43	43	3	169
Eigenb.	Gemeindewerke Waldbronn (Wasserversorgung)	Bereitstellung von Trinkwasser in hygienisch einwandfreier Qualität in der erforderlichen Menge, Hinwirken auf einen ressourcenschonenden Wasserverbrauch, Sicherung der Wasservorkommen — Herr Thomann / Herr Dahhauser	P	19	32	33	38	40	5	167

Bewertung des Wirkungsbeitrages: 0 = kein Beitrag zur Zielerreichung; 1 = schwacher Beitrag zur Zielerreichung; 2 = mittlerer Beitrag zur Zielerreichung; 3 = starker Beitrag zur Zielerreichung

				V I S I O N E N						
			Soziales	Wirtschaft	Bauen und Wohnen	Infrastruktur	Umwelt	Kultur	
			Teilhabe für Menschen in allen Lebenslagen	Gut leben, arbeiten und einkaufen	Gemeinsam, nachhaltig und durchgrünt	Weitsichtig planen und handeln	Natur genießen, gesund leben	Bildung, Freizeit und Kunst Raum geben	Zieldeckungsbeitrag je Produkt
Unterabschnitt Nr.	Bezeichnung	(kurze) Aufgabenbeschreibung (z. B. Was soll damit erreicht werden? Wer ist dafür verantwortlich?)	Leitlinie 1 Leitlinie 2	Leitlinie 3	Leitlinie 4 Leitlinie 5	Leitlinie 6	Leitlinie 7 Leitlinie 8	Leitlinie 9	
8601	Kur- und Badebetriebe	Erheben der Kurtaxe; Zuschuss an die Kurverwaltung für die Kurgastbetreuung; Zuschuss an Albtal Plus (Tourismusgemeinschaft) und Heilbäderverband, Naturparkverein; Infopavillon, Weihnachtsbeleuchtung, Christbäume, Schaukästen, innerörtliche Beschilderung vgl. Kurverwaltungsges. mbH — F — Herr Knab / Herr Bürgermeister Masino / Herr Thomann (Kurtaxe)	31	35	16	34	18	31	165
8605	Gärtnerei, Park- und Gartenanlagen	Pflege öffentlicher Parkanlagen, Grünflächen, Pflege von Bäumen und Sträuchern, Verbesserung des Ortsbildes und des Klimas vgl. UA 5800 (Kurpark vgl. 8602) — F — Herr Hemberger	30	12	27	29	47	19	164
7910	Wirtschaftsförderung	Schaffen und Sichern dauerhafter Arbeitsplätze, Verbesserung der Wirtschaftsstruktur und des Wirtschafts- und Investitionsklimas, Stärkung der Finanzkraft — F — Bürgermeister Masino / Herr Irion	31	47	25	38	13	7	161
7200	Abfallbeseitigung	Abfallberatung, Bereitstellung und Betrieb der Grünabfallsammelplätze (Etzenrot, Reichenbach) und des Wertstoffhofes sowie das Einsammeln des wilden Mülls — P — Frau Strack / Herr Hemberger	21	27	34	33	42	4	161
1200	Umweltamt	Umwelt- u. Naturschutz, Immissionsschutz (Luft, Lärm), Gewässer, Energiemanagement, EEA, EnEV, CO2frei — P — Frau Strack	18	18	35	34	47	8	160

L

Bewertung des Wirkungsbeitrages: 0 = kein Beitrag zur Zielerreichung
1 = schwacher Beitrag zur Zielerreichung
2 = mittlerer Beitrag zur Zielerreichung
3 = starker Beitrag zur Zielerreichung

				V I S I O N E N						
				Soziales	Wirtschaft	Bauen und Wohnen	Infrastruktur	Umwelt	Kultur	Zieldeckungs-beitrag je Produkt
				Teilhabe für Menschen in allen Lebenslagen	Gut leben, arbeiten und einkaufen	Gemeinsam, nachhaltig und durchgrünt	Weitsichtig planen und handeln	Natur genießen, gesund leben	Bildung, Freizeit und Kunst Raum geben	
Unter-abschnitt Nr.	Bezeichnung	(kurze) Aufgabenbeschreibung (z. B. Was soll damit erreicht werden? Wer ist dafür verantwortlich?)		Leitlinie 1 Leitlinie 2	Leitlinie 3	Leitlinie 4 Leitlinie 5	Leitlinie 6	Leitlinie 7 Leitlinie 8	Leitlinie 9	
8603	Kurpark, Musikpavillon	Mit Minigolfanlage mitten im Grünen, einer fünf Kilometer langen Walking-Runde, schönem Spielplatz, Kneippbecken, Tennisplätzen, einer Schachanlage, dem Rutengänger-Lehrpfad sowie einem blühenden und duftenden Kräutergarten — Herr Hemberger	F	32	12	20	28	33	34	159
5810	Kinderspielplätze	Förderung der körperlichen, geistigen und sozialen Entwicklung, Familiengerechte Wohnumfeldgestaltung — Herr Hemberger	F	37	16	23	27	22	33	158
2150	Albert-Schweitzer-Schule	Grund- und Hauptschule mit Werkrealschule, Hausaufgaben, klassenübergreifende Sprachförderung, Internationale Vorbereitungsklasse für Schülerinnen und Schüler ohne Sprachkenntnisse; Reichenbach — Herr Knab	P	52	9	8	33	13	42	157
2110	Waldschule	Grundschule mit Kernzeitenbetreuung; Etzenrot — Herr Knab	P	52	9	8	32	13	42	156
2155	Anne-Frank-Schule	Grundschule; Busenbach — Herr Knab	P	48	10	8	33	13	43	155
8606	Freibäder	Freibad als Freizeitangebot für die Einwohner, vgl. Kurverwaltungsges. mbH — Kurverwaltungsgesellschaft	F	41	17	15	33	20	26	152
8602	Kurhaus	Im Kurhaus finden Theater, Konzerte, Ausstellungen, Veranstaltungen der Gemeinde (z.B. Bürgerversammlungen) statt; Vermietung von Räumen; Verpachtung (Gastronomie); vgl. Kurverwaltungsges. mbH — Kurverwaltungsgesellschaft	F	32	28	10	30	6	44	150

Bewertung des Wirkungsbeitrages: 0 = kein Beitrag zur Zielerreichung; 1 = schwacher Beitrag zur Zielerreichung; 2 = mittlerer Beitrag zur Zielerreichung; 3 = starker Beitrag zur Zielerreichung

VISIONEN

Unter-abschnitt Nr.	Bezeichnung	(kurze) Aufgabenbeschreibung (z. B. Was soll damit erreicht werden? Wer ist dafür verantwortlich?)		Soziales — Teilhabe für Menschen in allen Lebenslagen — Leitlinie 1 / Leitlinie 2	Wirtschaft — Gut leben, arbeiten und einkaufen — Leitlinie 3	Bauen und Wohnen — Gemeinsam, nachhaltig und durchgrünt — Leitlinie 4 / Leitlinie 5	Infrastruktur — Weitsichtig planen und handeln — Leitlinie 6	Umwelt — Natur genießen, gesund leben — Leitlinie 7 / Leitlinie 8	Kultur — Bildung, Freizeit und Kunst Raum geben — Leitlinie 9	Zieldeckungsbeitrag je Produkt
1310	Feuerwehr / Brandschutz	Brandbekämpfung, Rettung, Aufklärung; Konzeption eines neuen Feuerwehrhaus-Standorts — Herr Knab	P	32	17	31	48	16	6	150
4640	Kindergarten Gartenstraße (Schwalbennest)	Förderung der Entwicklung des Kindes zu einer eigenverantwortlichen und gemeinschaftsfähigen Persönlichkeit — Herr Knab / Herr Kull	P	52	13	7	30	10	33	145
4641	Kindergarten Don Bosco	Förderung der Entwicklung des Kindes zu einer eigenverantwortlichen und gemeinschaftsfähigen Persönlichkeit — Herr Knab / Herr Kull	P	52	13	7	30	10	33	145
4642	Kindergarten Musikschule (Villa Kinderbunt)	Förderung der Entwicklung des Kindes zu einer eigenverantwortlichen und gemeinschaftsfähigen Persönlichkeit — Herr Knab / Herr Kull	P	52	13	7	30	10	33	145
4643	Kindergarten St. Elisabeth (ASS)	Förderung der Entwicklung des Kindes zu einer eigenverantwortlichen und gemeinschaftsfähigen Persönlichkeit — Herr Knab / Herr Kull	P	52	13	7	30	10	33	145
6700	Straßenbeleuchtung	Sichere Benutzung von Straßen und Wegen während der Nacht — Herr Hemberger / Herr Dahlhäuser	P	26	30	31	38	15	5	145
6900	Wasserläufe, Wasserbau	Erhalt und Verbesserung der Qualität der Oberflächengewässer, Hochwasserschutz — Frau Strack / Herr Hemberger	P	17	17	36	29	40	5	144
4647	Kindergarten in Anne-Frank-Schule "Waldkiecise"	Förderung der Entwicklung des Kindes zu einer eigenverantwortlichen und gemeinschaftsfähigen Persönlichkeit; Zuschuss an den privaten Träger — Herr Knab / Herr Kull	P	52	13	6	29	8	34	142

Bewertung des Wirkungsbeitrages:
0 = kein Beitrag zur Zielerreichung
1 = schwacher Beitrag zur Zielerreichung
2 = mittlerer Beitrag zur Zielerreichung
3 = starker Beitrag zur Zielerreichung

V I S I O N E N

Unterabschnitt Nr.	Bezeichnung	(kurze) Aufgabenbeschreibung (z. B. Was soll damit erreicht werden? Wer ist dafür verantwortlich?)	Soziales — Teilhabe für Menschen in allen Lebenslagen (Leitlinie 1 / Leitlinie 2)	Wirtschaft — Gut leben, arbeiten und einkaufen (Leitlinie 3)	Bauen und Wohnen — Gemeinsam, nachhaltig und durchgrünt (Leitlinie 4 / Leitlinie 5)	Infrastruktur — Weitsichtig planen und handeln (Leitlinie 6)	Umwelt — Natur genießen, gesund leben (Leitlinie 7 / Leitlinie 8)	Kultur — Bildung, Freizeit und Kunst Raum geben (Leitlinie 9)	Zieldeckungsbeitrag je Produkt
4648	Kinderhaus "Waldschatz" (an der ASS)	Förderung der Entwicklung des Kindes zu einer eigenverantwortlichen und gemeinschaftsfähigen Persönlichkeit; Kindergarten bei der Albert-Schweitzer-Schule mit U3-Betreuung; Zuschuss an den privaten Träger Herr Knab / Herr Kull P	52	13	6	29	8	34	142
5600	Eigene Sportstätten	Bereitstellen und Unterhalten von Sporteinrichtungen: - Stadion mit Naturrasen, Laufbahn, Flutlicht, 5.000 Zuschauer (Reichenbach) - Clubhaus und Sportplatz Etzenrot - Aldi-Sportplatz (Busenbach) - Zuschüsse an Vereine für Pflege und Instandhaltung der Spielflächen - Bolzplätze - Skateranlage - Überlassen einer Tennishalle (Verpachtung) Vereinsförderung Herr Knab F	38	7	21	32	16	27	141
7700	Bauhof und Fuhrpark	Straßen- und Wegeunterhaltung, Grünpflege, Winterdienst, Leistungen für die Abfallbeseitigung, Warten und Bereitstellen von Fahrzeugen und Maschinen Herr Hemberger F	20	16	29	34	26	14	139
4645	Förderung Tageseinrichtungen für Kinder	Förderung der Entwicklung des Kindes zu einer eigenverantwortlichen und gemeinschaftsfähigen Persönlichkeit; Zuschüsse an die Träger von Tageseinrichtungen; Zuschüsse an auswärtige Träger Herr Knab / Herr Kull P	48	17	6	29	8	29	137
4591	Kindertagespflege	Zuschuss an den Tageselternverein: Tigerbärgruppen im Waldring; Direktbeteiligung an den Landkreis für den Betrieb von zwei Gruppen Herr Knab / Herr Kull P	50	15	7	28	8	28	136

Bewertung des Wirkungsbeitrages:
0 = kein Beitrag zur Zielerreichung
1 = schwacher Beitrag zur Zielerreichung
2 = mittlerer Beitrag zur Zielerreichung
3 = starker Beitrag zur Zielerreichung

Unter-abschnitt Nr.	Bezeichnung	(kurze) Aufgabenbeschreibung (z. B. Was soll damit erreicht werden? Wer ist dafür verantwortlich?)		Soziales — Teilhabe für Menschen in allen Lebenslagen — Leitlinie 1 Leitlinie 2	Wirtschaft — Gut leben, arbeiten und einkaufen — Leitlinie 3	Bauen und Wohnen — Gemeinsam, nachhaltig und durchgrünt — Leitlinie 4 Leitlinie 5	Infrastruktur — Weitsichtig planen und handeln — Leitlinie 6	Umwelt — Natur genießen, gesund leben — Leitlinie 7 Leitlinie 8	Kultur — Bildung, Freizeit und Kunst Raum geben — Leitlinie 9	Zieldeckungs-beitrag je Produkt
6750	Straßenreinigung, Winterdienst	Sichere Benutzung von Straßen und Wegen im Winter, Verbesserung des Ortsbildes — Herr Hemberger	P	24	31	25	33	17	3	133
4600	Jugendtreff	Angebote im Rahmen der Jugendsozialarbeit; Zuschuss an den Trägerverein, Bereitstellen eines Gebäudes Zuschuss, Verwaltung — Herr Knab	F	49	6	4	30	5	37	131
2155	Anne-Frank-Schule	Bereitstellen von Räumen im Neubau für Vereine Vereinsförderung — Herr Knab	P	43	6	7	28	6	41	131
2156	Turnhalle Anne-Frank-Schule	Bereitstellen einer Sporthalle für den Vereinssport Vereinsförderung — Herr Knab	F	42	6	9	27	8	37	129
4360	Betreuung der Asylsuchenden	Beratung, Betreuung, Kontakte zum zuständigen Landratsamt — Herr Knab; Unterbringung in gemeindeeigenen und angemieteten Gebäuden — Herr Irion / Frau Austen	P	48	15	13	23	6	24	129
2151	Turnhalle Albert-Schweitzer-Schule	Bereitstellen einer Sporthalle für den Vereinssport Vereinsförderung — Herr Knab	F	42	6	9	27	7	38	129
2910	Betreuungsangebote an Schulen	Betreuungsangebote in Reichenbach, Busenbach, Etzenrot; Hortgruppe Albert-Schweitzer-Schule — Herr Knab / Herr Kull	F	47	6	7	31	7	31	129
8550	Forstwirtschaftliche Unternehmen	Pflege des Gemeindewaldes, Bereitstellung als Erholungsfläche, Einschlag und Verkauf von Holz — Herr Irion und Frau Austen	F	18	15	12	20	44	15	124
1110	Bürgerbüro	Anlaufstelle für Bürger in allen Lebenslagen — Herr Knab / Herr Schäfer	P	47	16	13	22	9	17	124

VISIONEN

Bewertung des Wirkungsbeitrages: 0 = kein Beitrag zur Zielerreichung
1 = schwacher Beitrag zur Zielerreichung
2 = mittlerer Beitrag zur Zielerreichung
3 = starker Beitrag zur Zielerreichung

Unterabschnitt Nr.	Bezeichnung	(kurze) Aufgabenbeschreibung (z. B. Was soll damit erreicht werden? Wer ist dafür Verantwortlich?)		Soziales – Teilhabe für Menschen in allen Lebenslagen (Leitlinie 1, Leitlinie 2)	Wirtschaft – Gut leben, arbeiten und einkaufen (Leitlinie 3)	Bauen und Wohnen – Gemeinsam, nachhaltig und durchgrünt (Leitlinie 4, Leitlinie 5)	Infrastruktur – Weitsichtig planen und handeln (Leitlinie 6)	Umwelt – Natur genießen, gesund leben (Leitlinie 7, Leitlinie 8)	Kultur – Bildung, Freizeit und Kunst Raum geben (Leitlinie 9)	Zieldeckungsbeitrag je Produkt
3010	Vereinsheime (kleine Turnhalle) Reichenbach	Bereitstellen eines Gebäudes als Vereinslokal für den Gesangverein Reichenbach und den Musikverein Reichenbach Vereinsförderung — Herr Knab	F	36	7	10	24	5	42	124
4722	Altentagesstätte	Bereitstellen und Vermieten eines Gebäudes für die Nutzung als Tagespflege durch die Caritas — Herr Hemberger / Herr Irion	F	49	10	7	26	3	25	120
2151	Turnhalle Albert-Schweitzer-Schule	Sportförderung für Schüler der Albert-Schweitzer-Schule — Herr Knab	P	46	4	7	25	5	33	120
5500	Förderung des Sports	Förderung des organisierten und nichtorganisierten Sports, Unterstützung des Behindertensportfestes, Vereinsförderung (Jugendliche, Übernahme der Saalmiete, Zuschuss zur Unterhaltung der Sportplätze) Vereinsförderung — Herr Knab	F	37	9	8	25	12	29	120
2900	Schülerbeförderung	Schülerbeförderung für Schwimmunterricht und Jugendverkehrsschule — Herr Knab	F	38	6	7	30	10	29	120
6200	Wohnungsbauförderung, Wohnungsfürsorge	Beratung, Entgegennahme und Weiterleitung von Anträgen — Herr Hemberger	P	22	26	35	24	7	5	119
3000	Verwaltung kultureller Angelegenheiten	Förderung kultureller Vereine (Übernahme der Saalmiete, Vereinsförderung (Jugendliche)); Kulturring — Herr Knab	F	35	3	4	20	9	45	116
2156	Turnhalle Anne-Frank-Schule	Sportförderung für Schüler der Anne-Frank-Schule — Herr Knab	P	42	4	7	25	6	32	116
8710	Waldbronner Woche	Waldbronner Woche mit Kurparkfest; Varieté, Kabarett und Konzerte, Budenzauber — Herr Knab	F	34	14	6	10	7	45	116

Bewertung des Wirkungsbeitrages:
0 = kein Beitrag zur Zielerreichung
1 = schwacher Beitrag zur Zielerreichung
2 = mittlerer Beitrag zur Zielerreichung
3 = starker Beitrag zur Zielerreichung

Unter-abschnitt Nr.	Bezeichnung	(kurze) Aufgabenbeschreibung (z. B. Was soll damit erreicht werden? Wer ist dafür verantwortlich?)		Soziales — Teilhabe für Menschen in allen Lebenslagen (Leitlinie 1 / Leitlinie 2)	Wirtschaft — Gut leben, arbeiten und einkaufen (Leitlinie 3)	Bauen und Wohnen — Gemeinsam, nachhaltig und durchgrünt (Leitlinie 4 / Leitlinie 5)	Infrastruktur — Weitsichtig planen und handeln (Leitlinie 6)	Umwelt — Natur genießen, gesund leben (Leitlinie 7 / Leitlinie 8)	Kultur — Bildung, Freizeit und Kunst Raum geben (Leitlinie 9)	Zieldeckungs-beitrag je Produkt
3400	Heimatpflege	Faschingsumzug der Gemeinde (jährlich); Unterhaltung der Wegekreuze und Denkmale; Unterhaltung der Heimatstuben (teilweise; ansonsten Verein); Zuschuss für das Straßenfest in Etzenrot (Bühne, GEMA-Gebühren, Faschingsumzug, Straßenfest Herr Knab; Unterhaltung: Technisches Amt	F	38	7	5	20	4	42	116
7500	Bestattungswesen	Bestattungen in einer würdigen und pietätvollen Art, Bereitstellung von Grabstellen in einer würdigen und stilvollen Gestaltung Herr Knab	P	35	6	18	25	18	12	114
3330	Musikschule	Bereitstellen von Räumen im Untergeschoss für Vereine: DRK, Acco Musica; Vereinsförderung Herr Knab	F	30	6	10	22	4	42	114
7310	Wochenmarkt	Bereitstellen der Infrastruktur für einen Markt mit regionalen Anbietern, Versorgung der Einwohner Herr Knab	F	32	29	13	15	13	9	111
3330	Musikschule	Instrumental- und Vokalunterricht für einzelne Kinder und Gruppen Herr Knab	F	33	3	3	26	1	44	110
7850	Feldwege, Wirtschaftswege	Bau und Unterhaltung von Feldwegen Herr Dahlhauser / Herr Hemberger	P	13	11	17	25	29	15	110

Bewertung des Wirkungsbeitrages:
0 = kein Beitrag zur Zielerreichung
1 = schwacher Beitrag zur Zielerreichung
2 = mittlerer Beitrag zur Zielerreichung
3 = starker Beitrag zur Zielerreichung

VISIONEN

Unter-abschnitt Nr.	Bezeichnung	(kurze) Aufgabenbeschreibung (z. B. Was soll damit erreicht werden? Wer ist dafür verantwortlich?)		Soziales – Teilhabe für Menschen in allen Lebenslagen (Leitlinie 1 / Leitlinie 2)	Wirtschaft – Gut leben, arbeiten und einkaufen (Leitlinie 3)	Bauen und Wohnen – Gemeinsam, nachhaltig und durchgrünt (Leitlinie 4 / Leitlinie 5)	Infrastruktur – Weitsichtig planen und handeln (Leitlinie 6)	Umwelt – Natur genießen, gesund leben (Leitlinie 7 / Leitlinie 8)	Kultur – Bildung, Freizeit und Kunst Raum geben (Leitlinie 9)	Zieldeckungs-beitrag je Produkt
4720	Förderung der Altenarbeit	Allgemeine Sozial- und Lebensberatung sowie Unterstützung alter Menschen, Förderung freier Träger, Seniorennachmittag & Seniorenfasching der Gemeinde — Herr Knab	F	39	10	7	24	3	26	109
2950	Sonstige schulische Aufgaben	Unfallversicherung, Schulsozialarbeit, Schullandheimaufenthalte — Herr Knab	F	39	3	7	24	6	27	106
4700	Förderung der Wohlfahrtspflege	Kinderferienprogramm der Gemeinde; Familienjahr – Kinderseite im Amtsblatt, Einzelveranstaltungen; Zuschüsse für Jugendfreizeiten an private Träger (Kirche, Pfadfinder, Schwarzwaldverein); allgemeine sozialpolitische Projekte, Unterstützung freier Träger — Herr Knab	F	38	7	2	20	6	31	104
5470	Sonstige Einrichtungen u. Maßnahmen der Gesundheitspflege	Vereinsförderung (Jugendliche) — Herr Knab; Leeren der Abfallkörbe — Herr Hennberger	P/F	27	14	7	14	20	21	103
8401	Festhallen und Festplatz	Festhalle Waldbronn, Wiesenfesthalle Etzenrot; Überwiegend für Vereinsfeste genutzt; Nutzungsordnung, Entgelte — Herr Knab	F	30	7	4	25	5	31	102
3500	Volkshochschule	Kurse und Veranstaltungen z.B. in den Bereichen Politik, Kultur, Gesundheit, Sprachen — Herr Knab	F	26	6	4	23	5	38	102
1100	Öffentliche Ordnung	Fundsachen, Waffen, Jagd, Gewerbebetriebe, Verkehrsüberwachung — Herr Knab / Herr Schäfer	P	22	20	9	21	20	9	101

Bewertung des Wirkungsbeitrages:
0 = kein Beitrag zur Zielerreichung
1 = schwacher Beitrag zur Zielerreichung
2 = mittlerer Beitrag zur Zielerreichung
3 = starker Beitrag zur Zielerreichung

VISIONEN

Unter-abschnitt Nr.	Bezeichnung	(kurze) Aufgabenbeschreibung (z. B. Was soll damit erreicht werden? Wer ist dafür verantwortlich?)		Soziales — Teilhabe für Menschen in allen Lebenslagen (Leitlinie 1 / Leitlinie 2)	Wirtschaft — Gut leben, arbeiten und einkaufen (Leitlinie 3)	Bauen und Wohnen — Gemeinsam, nachhaltig und durchgrünt (Leitlinie 4 / Leitlinie 5)	Infrastruktur — Weitsichtig planen und handeln (Leitlinie 6)	Umwelt — Natur genießen, gesund leben (Leitlinie 7 / Leitlinie 8)	Kultur — Bildung, Freizeit und Kunst Raum geben (Leitlinie 9)	Zieldeckungs-beitrag je Produkt
8604	Kiosk, Minigolf, Tennisplätze	Minigolf im Kurpark, Kiosk im Kurpark, Tennisplatz am Kurpark, Etzenroter Str. 8 — Herr Hornberger	F	22	10	10	20	13	24	99
5640	Eistreff	Eistreff mit zwei Eislaufhallen, Saison Ende Oktober bis Mai, ca. 80.000 Besucher, vgl. Kurverwaltungsges. mbH — Kurverwaltungsgesellschaft	F	36	12	1	20	8	20	97
3520	Öffentliche Büchereien	Bücher, Medien z.B. aus den Bereichen Belletristik, Sachbuch, Kinder- und Jugend, Zeitschriften; Online-Verbund eBooks & more — Herr Knab	F	24	2	6	22	3	39	96
4000	Sozialamt	Beratung, Entgegennahme und Weiterleitung von Anträgen auf soziale Hilfen — Herr Knab / Herr Schäfer	P	48	9	7	20	3	9	96
8404	Gesellschaftshaus	Gesellschaftshaus Etzenrot: Verpachtung (Gastronomie), großer Saal im Gesellschaftshaus für Feste und Veranstaltungen; Bereitstellen von Räumen für die Nutzung durch Vereine vgl. Kurverwaltungsges. mbH — Kurverwaltungsgesellschaft	F	26	11	5	18	3	28	91
8608	Thermalwasserversorgung	Förderung von Heilwasser aus der gemeindeeigenen Quelle — Herr Irion / Herr Dahlhäuser	F	13	17	4	25	17	15	91
1140	Grundbucheinsichtstelle	Einsicht in das zentrale digitale Grundbuch, Erstellen von Grundbuchauszügen, notarielle Unterschriftsbeglaubigung — Herr Knab	F	22	14	24	21	2	2	85
8805	Sonstiges allgemeines Grundvermögen	Bewirtschaftung bebauter und unbebauter Grundstücke; u.a. Busenbacher Str. 3 (Vermietung Wohnungen); — Herr Irion / Frau Austen	P	17	13	18	19	8	5	80

Bewertung des Wirkungsbeitrages: 0 = kein Beitrag zur Zielerreichung; 1 = schwacher Beitrag zur Zielerreichung; 2 = mittlerer Beitrag zur Zielerreichung; 3 = starker Beitrag zur Zielerreichung

Unter-abschnitt Nr.	Bezeichnung	(kurze) Aufgabenbeschreibung (z. B. Was soll damit erreicht werden? Wer ist dafür verantwortlich?)	F/P	Soziales – Teilhabe für Menschen in allen Lebenslagen (Leitlinie 1 / Leitlinie 2)	Wirtschaft – Gut leben, arbeiten und einkaufen (Leitlinie 3)	Bauen und Wohnen – Gemeinsam, nachhaltig und durchgrünt (Leitlinie 4 / Leitlinie 5)	Infrastruktur – Weitsichtig planen und handeln (Leitlinie 6)	Umwelt – Natur genießen, gesund leben (Leitlinie 7 / Leitlinie 8)	Kultur – Bildung, Freizeit und Kunst Raum geben (Leitlinie 9)	Zieldeckungs-beitrag je Produkt
8403	Altes Rathaus Reichenbach (Ratskeller/Polizeiposten)	Verpachten des Gebäudes Kronenstr. 2 - (Gastronomie; Polizeiposten) — Herr Irion / Frau Austen	F	20	18	7	21	6	7	79
5000	Gesundheitsverwaltung, Gesundheitsämter	Zuschuss an das DRK — Herr Knab; Schädlingsbekämpfung — Herr Hemberger	P/F	24	7	7	10	18	9	75
8808	Sonstiges allg. Grundvermögen (Ust-pflichtig)	Bereitstellen und Verpachten von Garagen an die DURG; Liegenschaftsverwaltung — Herr Knab; Herr Irion / Frau Austen	F	23	8	6	15	8	13	73
8607	Sonstige Einrichtungen, Schutzhütten u.a.	Grillplätze; Schutzhütte Leoweg, Busenbach; Schutzhütte Römerweg, Busenbach — Herr Knab	F	24	3	5	14	13	13	72
0510	Standesamt	Trauungen, Urkunden — Herr Knab / Herr Schäfer	P	27	7	2	14	8	4	62
0530	Wahlen und Statistik	Kommunal-, Landtags-, Budestags- und Europawahlen, Statistiken — Herr Knab / Herr Schäfer	P	20	5	3	6	2	5	41
3210	Radiomuseum	Bereitstellen eines Gebäudes für den Betrieb eines Radiomuseums; Organisation — Herr Knab	F	5	1	1	5	0	20	32
7820	Zuchtierhaltung - Pflegesystem und Besamung-	Zuschüsse an die Kleintierzuchtvereine (bei Jubiläen - letzte Ausgaben in 2015) — Herr Knab	F	3	0	0	0	4	7	14
7620	Öffentliche Uhren	Uhr vor dem Rathaus — Herr Hemberger	F	3	1	0	1	0	0	5

V I S I O N E N